Mark Schieritz ist wirtschaftspolitischer Korrespondent der *Zeit* in Berlin und beobachtet seit mehr als zehn Jahren das Geschehen an den internationalen Finanzmärkten. Nach dem Studienabschluss an der London School of Economics begann seine Karriere bei der *Financial Times Deutschland,* für die er sieben Jahre lang tätig war – unter anderem als Leiter der Finanzmarktredaktion. Mark Schieritz wurde mit dem Ernst-Schneider-Preis der Industrie- und Handelskammern und dem Medienpreis der Keynes-Gesellschaft ausgezeichnet. 2011 wurde er von der Zeitschrift *Wirtschaftsjournalist* für seine Berichterstattung über die Eurokrise zu einem der Wirtschaftsjournalisten des Jahres gekürt.

Mark Schieritz

Die Inflationslüge

Wie uns die Angst ums Geld ruiniert
und wer daran verdient

Besuchen Sie uns im Internet:
www.knaur.de

Originalausgabe Mai 2013
Knaur Taschenbuch
© 2013 Knaur Taschenbuch
Ein Unternehmen der Droemerschen Verlagsanstalt
Th. Knaur Nachf. GmbH & Co. KG, München
Umschlaggestaltung: ZERO Werbeagentur, München
Satz: Adobe InDesign im Verlag
Druck und Bindung: CPI – Clausen & Bosse, Leck
Printed in Germany
ISBN 978-3-426-78633-8

5   4   3   2   1

Inhalt

Die falsche Angst

Die Inflation kommt.

Haben nicht die Staaten so große Schulden, dass sie sich ihrer auf normalem Wege nicht entledigen können? Und haben die Zentralbanken nicht so viel Geld gedruckt, dass die Preise unweigerlich steigen müssen? Erst langsam und dann immer schneller? So wie während der Hyperinflation in den zwanziger Jahren des vergangenen Jahrhunderts, als für einen Laib Brot eine Schubkarrenladung Geldscheine eingetauscht werden musste und die Geschäfte mehrmals am Tag die Preisschilder wechselten?

Seit Ausbruch der Finanzkrise ist die Angst ums Geld in Deutschland ein Dauerthema. Um ihr Erspartes in Sicherheit zu bringen, kaufen die Bundesbürger Immobilien und Gold, als gäbe es kein Morgen mehr. In den Ballungsräumen der Republik haben sich Eigentumswohnungen allein im Jahr 2011 um fast zehn Prozent verteuert, selbst feuchte Kellerräume gehen inzwischen zu Höchstpreisen weg. Längst haben auch die Banken das Geschäft mit der Inflation entdeckt. Sie bieten ihren Kunden immer neue Anlageprodukte an, die einen Schutz vor dem vermeintlichen Teuerungsschub versprechen.

Die Inflation kommt.

Aber was, wenn nicht?

Wenn die Preise sich weigern zu steigen?

Wenn die große Währungskatastrophe ausbleibt?

Dann werden viele Bundesbürger eines Morgens aufwachen und feststellen, dass sie aus Angst vor einem

Ereignis, das nicht eingetreten ist, viel Geld versenkt haben. In Immobilien, die an Wert verlieren. In Gold, dessen Preis verfällt. In Land, das niemand benötigt. Und sie werden feststellen, dass sie Politikern das Vertrauen geschenkt haben, die aus Furcht vor der Geldentwertung im Kampf gegen die größte Finanzkrise seit dem Ende des Zweiten Weltkriegs zaghaft agierten, wo Entschlossenheit erforderlich gewesen wäre. Die die Schlachten der Vergangenheit schlugen, statt sich für die Herausforderungen der Zukunft zu wappnen.

»Wenn wir innerhalb der nächsten zehn Jahre keine starke Inflation bekommen, gebe ich mein Diplom als Bonner Volkswirt zurück und bin bereit, alles neu zu lernen«, hat der frühere Bundesbankvorstand und Berliner Finanzsenator Thilo Sarrazin angekündigt. Sarrazin sollte sich schon einmal auf das Leben ohne Diplom vorbereiten. Denn es ist höchst unwahrscheinlich, dass in Deutschland in naher Zukunft wieder die Schubkarre den Geldbeutel ersetzen wird. Obwohl alle über Inflation reden, ist sie nirgends zu erkennen. Die Preise in Deutschland sind heute stabiler, als sie es zu D-Mark-Zeiten waren. Und die Schuldenprobleme in Europa lassen sich auch ohne eine große Geldentwertung lösen. Es ist allen gegenteiligen Behauptungen zum Trotz noch nicht einmal so, dass sehr viel mehr Geld in Umlauf gebracht worden wäre.

Das Einzige, was wir zu fürchten haben, ist die Furcht selbst, hat der amerikanische Präsident Franklin Delano Roosevelt am Tag seiner Amtseinführung in den

dunkelsten Stunden der Weltwirtschaftskrise der drei-
ßiger Jahre gesagt. Roosevelts Diktum lässt sich in
abgewandelter Form auf die Inflationsdebatte übertra-
gen: Die größte Gefahr für unseren Wohlstand ist im
Moment nicht die Geldentwertung selbst – sondern
die Angst vor ihr. Sie verleitet zu Fehlentscheidungen
und trübt den Blick für die wahren Herausforderungen unserer Zeit.

Die Wirtschaftsgeschichte kennt viele Perioden, in
denen die Menschen nicht mehr ihrem Verstand ge-
horchen, sondern sich von Stimmungen anstecken
lassen, die mit der Realität nichts zu tun haben. Dann
geben sie wie in den Niederlanden des 16. Jahrhunderts ein Vermögen für Tulpenzwiebeln aus. Oder
kaufen sich wie in den USA des 21. Jahrhunderts
Häuser, die sie sich eigentlich nicht leisten können.
Die Ökonomen sprechen von einer Blase. Deutschland erlebt gerade eine Inflationsblase.

Dieses Buch soll Sie in die Lage versetzen, zwischen
echter und vermeintlicher Inflationsgefahr zu unter-
scheiden, um so die richtigen Entscheidungen treffen
zu können – an der Wahlurne und bei der Geldanlage.
Es beschreibt, woher das Geld kommt und wer es
kontrolliert. Es erklärt, warum fast überall in Deutschland die Wohnungspreise steigen und was die Folgen
dieser Entwicklung sind. Es zeigt, wie es zur Hyperinflation kommen konnte und warum es unwahrscheinlich ist, dass sich die Geschichte wiederholt.
Sie werden einem Spieler und Frauenhelden begeg-
nen, der im 18. Jahrhundert erstmals im großen Stil
Banknoten in Umlauf brachte und damit halb Europa

ruinierte. Und Sie werden erfahren, was der moderne Finanzkapitalismus mit dem Märchen vom Kaiser ohne Kleider zu tun hat. Um besser zu verstehen, was die Zukunft bringt, werfen wir aber zunächst einen Blick in die Vergangenheit.

Drei Mythen über die Inflation

Die Deutschen haben seit jeher ein besonderes Verhältnis zu ihrem Geld. Dieses Verhältnis ist geprägt von einer tiefsitzenden Skepsis gegenüber den staatlichen Institutionen, die seine Stabilität sichern sollen. Schon Johann Wolfgang von Goethe – der in der Bankenstadt Frankfurt geboren wurde und am Weimarer Hof auch für Finanzen zuständig war – hat dieser Skepsis im zweiten Teil des »Faust« Ausdruck verliehen. Faust kommt in Begleitung von Mephisto an den Hof eines mittelalterlichen Kaisers, der von akuten Geldnöten geplagt ist. Mephisto bringt ihn auf die Idee, eine Urkunde zu unterschreiben, die vervielfältigt und als Papiergeld in Umlauf gebracht wird.

> Ein solch Papier, an Gold und Perlen statt,
> ist so bequem, man weiß doch, was man hat;
> Man braucht nicht erst zu markten noch zu tauschen,
> Kann sich nach Lust und Lieb am Wein berauschen.

Anfangs geht alles gut, die Wirtschaft boomt, und der Schatzmeister berichtet dem Hofstaat begeistert, wie sich das Leben der Menschen verbessert hat.

> So stempelten wir gleich die ganze Reihe,
> Zehn, Dreißig, Fünfzig, Hundert sind parat.
> Ihr denkt euch nicht, wie wohl's dem Volke tat.
> Seht eure Stadt, sonst halb im Tod verschimmelt,
> Wie alles lebt und lustgenießend wimmelt!

Doch im weiteren Verlauf des Stücks werden immer mehr Geldscheine in Umlauf gebracht, das Geld verliert seinen Wert, und das Reich wird in seinen Grundfesten erschüttert. Allein der Hofnarr sieht das Debakel kommen. Ungläubig hält er die Papierscheine in der Hand und kann erst nicht fassen, dass sie etwas wert sind. Der Teufel überzeugt ihn davon, und der Narr tut, was auch heute die meisten tun, wenn sie die Inflation fürchten: Er investiert in Immobilien.

> Und kaufen kann ich Acker, Haus und Vieh?
> Und Schloss, mit Wald und Jagd und Fischbach?
> Heut Abend wieg ich mich im Grundbesitz!

Die Sorge um das Geld hat also in Deutschland eine lange Tradition. In keinem anderen Staat wird so ausgiebig und leidenschaftlich über monetäre Angelegenheiten diskutiert wie hierzulande. In der italienischen, der spanischen oder der französischen Presse ist der Preisauftrieb praktisch kein Thema, während die deutschen Zeitungen ausführlich über mögliche Gefahren für die Geldwertstabilität berichten. Dabei prägen drei Mythen die Debatte um die Inflation:

Mythos 1: Die Hyperinflation der zwanziger Jahre hat den Untergang der Weimarer Republik verursacht und Adolf Hitler an die Macht gebracht.

Schon rein zeitlich sind Zweifel an dieser Behauptung angebracht. Die Hyperinflation war 1923 zu Ende. Hitler aber kam 1933 an die Macht. Dazwischen lagen die Goldenen Zwanzigerjahre, in denen die Wirtschaft florierte und Kunst, Kultur und Wissenschaft eine Blütezeit erlebten. In dieser Zeit entspannte sich sogar das Verhältnis zum Kriegsfeind Frankreich. Im Jahr 1926 trat Deutschland dem Völ-

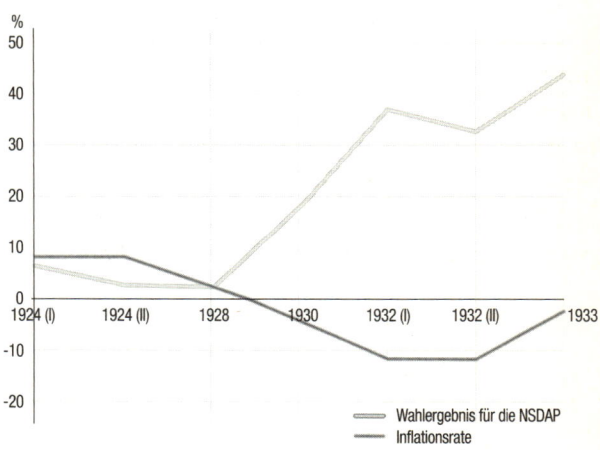

Die Inflation war es nicht
Teuerungsrate und Wahlergebnis für die NSDAP in Prozent

Quelle: Deutscher Bundestag, Deutsche Bundesbank, eigene Berechnungen. 1924: Deutsch-Völkische Freiheitspartei und NSDAP, 1925: Nationalsozialistische Freiheitsbewegung.

kerbund bei und war auf dem besten Weg, international rehabilitiert zu werden.

Im Jahr 1929 beendete der Börsenkrach am Schwarzen Freitag in den USA den Aufschwung auch in Deutschland. Es folgte eine tiefe und schwere Wirtschaftskrise. Die Produktion in der Industrie brach innerhalb von drei Jahren um mehr als 40 Prozent ein. Das führte dazu, dass 1932 5,5 Millionen Deutsche ohne Arbeit waren. Auch das Preisniveau gab nach. Zwischen 1930 und 1933 fielen die Verbraucherpreise um 25 Prozent. Anfang 1933 kam Hitler an die Macht. Im März 1933 holte die NSDAP bei der letzten ordentlichen Reichstagswahl 43,9 Prozent der Stimmen, und die Weimarer Republik war endgültig am Ende.

Sicher hat die Inflation der zwanziger Jahre den Untergang der Weimarer Republik beschleunigt. Die Mittelschicht sah ihr Sparvermögen schwinden und verlor das Vertrauen in die Leistungsfähigkeit und Stabilität einer demokratischen Ordnung. Dennoch ist es ein historischer Fakt, dass Hitler in einem deflationären und nicht in einem inflationären Umfeld an die Macht gekommen ist. Der maßgebliche ökonomische Grund für den Erfolg der Nazis war die hohe Arbeitslosigkeit während der Weltwirtschaftskrise. Sie war für viele deutsche Familien verheerender als die Inflation – und es ist bemerkenswert, dass sich trotzdem die Inflation und nicht die Depression in das kollektive Gedächtnis der Deutschen eingeschrieben hat.

Mythos 2: Die Preise steigen immer schneller, und das gefährdet den Wohlstand.

Ludwig Erhard gilt als Vater der sozialen Marktwirtschaft. Von ihm stammt der berühmte Satz, die Inflation sei eine »entschädigungslose Enteignung zugunsten der öffentlichen Hand«. Viele Bundesbürger wünschen sich die ökonomische Stabilität der Wirtschaftswunderjahre zurück, die im Gegensatz zur Unsicherheit der heutigen Zeit zu stehen scheint.

Das Interessante ist nur, dass die Inflation damals viel höher war – Sie haben richtig gelesen! In den goldenen sechziger Jahren lag die Teuerungsrate im Schnitt

Das Geld ist stabiler als früher
Inflationsrate in Prozent

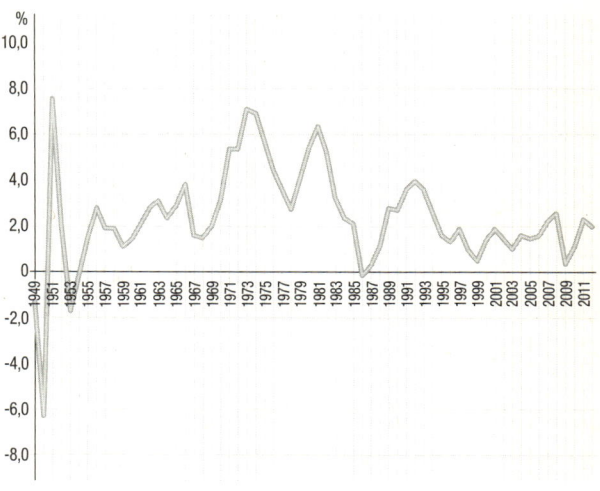

Quelle: Deutsche Bundesbank

15

bei 2,5 Prozent pro Jahr. In der vergangenen Dekade waren es nur 1,5 Prozent.

Und das, obwohl damals die Bundesbank und nicht die in weiten Teilen der Bevölkerung heute mit Argwohn betrachtete Europäische Zentralbank (EZB) über das Geld bestimmte. Und obwohl die Wirtschaftsleistung damals Jahr für Jahr kräftig zulegte, während das vergangene Jahrzehnt von mageren Zeiten geprägt war. Die Zeiten waren so mager, dass sich die rot-grüne Bundesregierung unter Gerhard Schröder gezwungen sah, die umstrittenen Sozial- und Wirtschaftsreformen der Agenda 2010 umzusetzen. Ganz offensichtlich ist das Geld heute also stabiler als

Es gibt keine Geldschwemme
Veränderung der Geldmenge M3 zum Vorjahr in Prozent

Quelle: EZB

in den guten alten Zeiten – und ganz offensichtlich ist das gar nicht unbedingt so gut.

Mythos 3: Die Welt ertrinkt im Geld.

In kaum einem Beitrag über die Inflationsgefahr fehlt der Hinweis darauf, dass die Notenbanken die Finanzmärkte mit Geld überschwemmten. Umso erstaunlicher ist es da, dass die Menge des in der Wirtschaft umlaufenden Geldes in den letzten Monaten sogar weniger stark zugenommen hat als früher.

Zu Beginn des Jahrtausends wuchs die Geldmenge im europäischen Währungsraum zeitweise um mehr als zehn Prozent pro Jahr. Zuletzt stieg sie kaum noch – obwohl doch die Zentralbanken angeblich die Welt im Geld ertränken. Umso bemerkenswerter ist es, dass jetzt alle über Inflation sprechen, während das Thema vor zehn Jahren niemanden interessierte.

Die Sache mit der Inflation ist also komplizierter, als es zunächst den Anschein hat. Dieses Buch ist kein Plädoyer dafür, die wirtschaftlichen Herausforderungen unserer Zeit mit der Notenpresse zu lösen. Das wäre falsch, denn eine stabile Währung ist die Voraussetzung für ein prosperierendes Staatswesen. In einer Marktwirtschaft bestimmen die Preise, welche Güter produziert und verbraucht werden. Sie können diese Aufgabe nicht mehr erfüllen, wenn die Inflation sie verzerrt. Deshalb ist Geldwertstabilität ein wichtiges Ziel. Sie ist aber nicht alles. Gefährlich aber wird es, wenn das politische und wirtschaftliche Handeln einseitig daran ausgerichtet wird.

Warum Geld nicht alles ist

In kaum einem Beitrag über die vermeintliche Inflationsgefahr fehlt der Hinweis auf die große Geldschwemme, die die Notenbanken verursacht hätten. Wir haben bereits gesehen, dass so viel frisches Geld offenbar gar nicht in Umlauf kommt. Wir werden uns deshalb nun ein wenig ausführlicher mit dem Phänomen Geld beschäftigen – und am Ende feststellen, dass die Inflation erstaunlicherweise mit Geld ziemlich wenig zu tun hat. Aber der Reihe nach.

Die Idee war gut, aber die Welt noch nicht bereit
Im Jahr 1705 hat der schottische Geschäftsmann John Law eine für damalige Verhältnisse ungeheuerliche Idee. In seinem Essay »Betrachtung über Geld und Handel mit einem Vorschlag, die Nation mit Geld zu versorgen« schlägt er vor, eine Bank zu gründen, die Papiergeld herausgibt. Das Besondere: Dieses Papiergeld sollte nicht durch Gold oder andere Edelmetalle abgesichert sein.

Law ist ein Spieler und Frauenheld, in einem Duell tötet er seinen Kontrahenten, wird zum Tode verurteilt und kommt nur dank der Unterstützung einflussreicher Freunde davon. Sein Ruf ist nicht der allerbeste. Mit seiner Idee stößt er denn auch überall auf Ablehnung, bis sie in Frankreich ausprobiert wird. Das ist kein Zufall: Der französische Staat ist zur damaligen Zeit nach den Kriegen des Sonnenkönigs Ludwig XIV. praktisch pleite, und am Hofe seines

Nachfolgers Philipp von Orléans – der für den noch unmündigen Ludwig XV. regiert – sind Vorschläge willkommen, wie die Staatskasse wieder zu füllen sei.

Also lässt man John Law machen. Im Jahr 1716 gründet er die Banque Générale, die Gold- und Silbermünzen annimmt und Papiergeld verteilt. Sie gibt dabei erheblich mehr Banknoten aus, als sie an Edelmetallreserven in ihren Tresoren hat. Das geht einige Zeit auch gut, ausländisches Kapital strömt ins Land. Als misstrauische Investoren ihre Banknoten in Münzgeld tauschen wollen, kracht das System zusammen. Es bricht Panik aus, die rasch auch andere Länder Europas erfasst. Law wird aus allen Ämtern entlassen und flieht. Er stirbt verarmt in Venedig. Papiergeld ist auf dem Kontinent vorerst als Zahlungsmittel diskreditiert.

John Law gilt heute als Erfinder des modernen Geldsystems. Das ist nicht ganz korrekt, weil schon vor ihm mit Banknoten experimentiert wurde, doch seine Geschichte ist die spektakulärste. Interessant ist sie vor allem, weil sie etwas über das Wesen des Geldes aussagt. Ein Objekt muss nicht zwingend einen eigenen Materialwert haben, um als Zahlungsmittel fungieren zu können. Es kommt nicht darauf an, ob es aus Muscheln, Metall oder Papier ist. Es kommt darauf an, dass es allgemein akzeptiert wird. Der Empfänger einer Zahlung muss davon ausgehen können, dass das von ihm erhaltene Geld auch von anderen angenommen wird. Nach heutiger Lesart muss Geld dazu drei Dinge leisten: Es muss als Tauschmittel, als

Wertaufbewahrungsmittel und als Recheneinheit verwendbar sein.

In der Tauschfunktion liegt historisch einer der Ursprünge des Geldes – und eine seiner großen Stärken. Ein von allen anerkanntes Zahlungsmittel erleichtert den Austausch von Waren ganz erheblich. Es entfällt beispielsweise die mühsame Suche nach einem Tauschpartner, der gerade das benötigt, was man selbst anzubieten hat, und andererseits das anbieten kann, was man selbst benötigt. Wer eine Ziege übrig hat und ein Schaf haben will, hat Pech, wenn niemand Ziegen gegen Schafe tauschen will. Die Einführung des Geldes löst dieses Koordinationsproblem.

Das ist vor allem in einer arbeitsteiligen Wirtschaft wichtig, in der jeden Tag unzählige Tauschvorgänge stattfinden. Und wie zentral eine solche Spezialisierung ist, hat schon der schottische Moralphilosoph und Begründer der modernen Volkswirtschaftslehre Adam Smith im 18. Jahrhundert am Beispiel der Stecknadelproduktion beschrieben. Ein ausgebildeter Arbeiter konnte in einer mit Maschinen ausgestatteten Manufaktur 4800 Nadeln pro Tag herstellen, auf sich alleine gestellt, hätte er wohl nur eine geschafft. Die enormen Wohlstandsgewinne, die die Menschheit durch die Arbeitsteilung in der industriellen Revolution erzielt hat, wären ohne Geld nicht möglich gewesen.

Geld muss zweitens als Wertaufbewahrungsmittel fungieren können, weil es die Menschen benutzen, um ihre Kaufkraft zu bewahren und in die Zukunft zu transportieren – zum Beispiel, wenn sie sparen. Das funktioniert natürlich nur, wenn die Kaufkraft auch erhalten bleibt und das Geld auch in Zukunft noch etwas wert ist. Die von John Law errichtete Währungsordnung war nicht von Dauer, weil das Geld die Eigenschaft der Wertaufbewahrung verlor.

Und Geld ist drittens eine Recheneinheit, weil die Menschen mit seiner Hilfe unterschiedliche Waren direkt vergleichen können, indem sie deren Wert in Geldeinheiten ausdrücken. Ohne ein Zahlungsmittel müssen die Güter zueinander in Beziehung gesetzt werden. Ein Schwein ist dann vielleicht drei Hühner wert. Oder zehn Pfund Getreide. Das wird ziemlich schnell ziemlich kompliziert.

Eine kleine Währungsgeschichte

Die Geschichte des Geldes reicht bis ins 3. Jahrtausend vor Christus zurück. Damals wurden in Mesopotamien und Ägypten vor allem Getreide und Silber als Zahlungsmittel verwendet. Die ältesten bekannten Münzen – Metallstücke mit einer Prägung – wurden im 7. Jahrhundert vor Christus in der Türkei in Umlauf gebracht. Die griechischen Stadtstaaten schufen dann im 5. Jahrhundert vor Christus ein ausgereiftes, auf Silber basierendes Münzsystem. Perfektioniert wurde es im Römischen Reich, das über ein hochentwickeltes Geldwesen verfügte.

Das Wissen der Römer ging mit dem Zusammenbruch ihres Reichs verloren, und die Völkerwanderung brachte monetäres Chaos mit sich. Erst im 8. Jahrhundert nach Christus legten die Karolinger den Grundstein für die mittelalterliche Geldordnung. Die ersten Geldscheine tauchten im 9. Jahrhundert nach Christus in China auf. Die erste echte Notenbank Europas wurde im 17. Jahrhundert in Schweden gegründet; der Stockholms Banco erhielt das Recht, Banknoten herauszugeben, die als Zahlungsmittel akzeptiert wurden. Das geschah erstmals im Jahr 1661 – fast 50 Jahre bevor John Laws Banque Générale ins Leben gerufen wurde. Doch auch in Schweden hielt sich das Papiergeld zunächst nicht lange. Erst im 19. und 20. Jahrhundert setzten sich Notenbanken auf dem Kontinent durch, zu Beginn als privatwirtschaftlich organisierte Häuser, danach als staatliche Institutionen. Deutschland gründete im Jahr 1875 eine Reichsbank mit Sitz in Berlin. Einen Schub erhielt die Verbreitung des Geldes als Zahlungsmittel im Laufe der Geschichte immer dann, wenn der Staat festlegte, dass Steuern und Abgaben in Geld zu entrichten sind.

Von kurzen Episoden wie in Schweden und Frankreich abgesehen, war das Geld bis weit ins 20. Jahrhundert hinein in der Regel durch Gold oder andere Edelmetalle gedeckt. Das engte den Spielraum der Währungsbehörden empfindlich ein, weil die Ausgabe von Geld durch die Edelmetallreserven begrenzt war. Allerdings war dieser Spielraum nie gleich null. Im Mittelalter und in der frühen Neuzeit fungierte häufig noch das Metall selbst als Zahlungsmittel. Doch schon die damals gebräuchlichen Münzen wurden häufig aus Legierungen hergestellt, so dass die

Herrscher heimlich den Gold- oder Silbergehalt des Geldes verringern konnten, wenn sie mehr Geld in Umlauf bringen wollten.

An die Stelle des reinen Goldstandards trat irgendwann das Versprechen der Zentralbanken, das von ihnen ausgegebene Geld in Gold einzutauschen. In den USA beispielsweise wurde der Goldpreis im Jahr 1834 auf 20,67 Dollar je Unze festgelegt. Auch die Reichsbank tauschte Banknoten vor dem ersten Weltkrieg auf Verlangen in Goldmünzen um. Nur ein Teil der umlaufenden Banknoten musste aber durch Goldreserven abgesichert sein.

Dadurch wurde das System noch flexibler – zumal im 19. Jahrhundert neben Banknoten und Gold auch andere Zahlungsmittel an Bedeutung gewannen. An erster Stelle stehen dabei die Kundeneinlagen der Banken. Auch sie können zum Beispiel durch eine Überweisung oder einen Scheck direkt zum Bezahlen verwendet werden. Der Anteil der Bankeinlagen an der gesamten Geldmenge in Großbritannien machte im Jahr 1900 bereits 83 Prozent aus. Dadurch war es möglich, die engen Fesseln des Goldstandards so auszuweiten, dass die industrielle Revolution finanziert werden konnte. Für den belgischen Währungshistoriker Robert Triffin wäre die Industrialisierung unter den »metallischen Systemen der Geldschöpfung, die für frühere Jahrhunderte charakteristisch war«, nicht möglich gewesen. Wie wir sehen werden, ist das von erheblicher Bedeutung für das Verständnis der Inflation.

Nach dem Zweiten Weltkrieg wurde die Golddeckung

noch weiter gelockert. Im Jahr 1944 fand in Bretton Woods, einer Kleinstadt im US-Bundesstaat New Hampshire, eine Konferenz zur Neuordnung des internationalen Währungswesens statt. Alle teilnehmenden Länder verpflichteten sich, den Wechselkurs ihrer Währungen gegenüber dem amerikanischen Dollar in engen Grenzen zu halten. Die USA wiederum versprachen, den Dollar zu einem festen Preis in Gold einzutauschen – doch diese Verpflichtung galt nur gegenüber Dollarvorräten, die von anderen Regierungen und Zentralbanken gehalten wurden.

Das Abkommen hielt fast drei Jahrzehnte. Im Jahr 1971 kündigte es die amerikanische Regierung auf. Sie hatte zur Finanzierung des Vietnamkriegs zu viele Banknoten in Umlauf gebracht. Die Zentralbanken in den Partnerstaaten weigerten sich, die überschüssigen Dollarbestände aufzukaufen, weil sie um die Geldwertstabilität fürchteten. Insbesondere die Bundesbank war nicht bereit, sich den Anforderungen eines zunehmend aus den Fugen geratenen Systems unterzuordnen. Zwei Jahre später wurde es offiziell beerdigt.

Seither werden die meisten großen Währungen frei am Devisenmarkt gehandelt. Das Geld ist nicht mehr durch Gold oder andere Edelmetalle gedeckt. Man spricht von ungedecktem oder Fiat-Geld. Der lateinische Begriff »fiat« bedeutet so viel wie »es werde« und signalisiert, dass das Geld nicht natürlich vorhanden ist, sondern durch menschliches Handeln geschaffen wird. Die Finanzkraft der Notenbank ist unbegrenzt, sie kann im Prinzip so viel Geld erzeugen, wie sie will. Die Anspielung auf den Schöpfungsakt

in der christlichen Religion ist kein Zufall: So wie
Gott in der christlichen Lehre die Welt durch die Kraft
seines Willens entstehen lässt, so lässt der Mensch
das Geld entstehen. Kaufkraft erhält es dadurch, dass
ihm eine entsprechende Menge an Gütern gegenüber-
steht, in die es eingetauscht werden kann.

Die Vermessung des Geldes

Die Frage, was unter Geld zu verstehen sei, wurde zu
unterschiedlichen Zeiten also unterschiedlich beant-
wortet. Aber wie viel Geld ist nun eigentlich im Umlauf? Man könnte jetzt anfangen, die Banknoten und
Münzen zu zählen. Das ist sogar möglich, weil bei der
Europäischen Zentralbank jede Note und jedes Geld-
stück registriert wird. Ende 2010 zirkulierten 14 Milliarden Banknoten im Wert von 840 Milliarden Euro,
dazu 93 Milliarden Münzen im Gesamtwert von
22 Milliarden Euro. Allerdings wurden dabei die
Bankguthaben nicht erfasst. Sie sind zwar zumindest
in Europa anders als Bargeld kein gesetzliches Zahlungsmittel, werden aber als solches behandelt, weil
man sie auch zur Zahlung verwenden kann. Es sind
also andere Messmethoden nötig.
Es hat sich eingebürgert, die verschiedenen Erschei-
nungsformen des Geldes entsprechend ihrer Verfüg-
barkeit als Zahlungsmittel, also ihrer Liquidität, zu
sortieren. Die entsprechenden Größen werden dann
mit dem Großbuchstaben M – für money – und einer
Ziffer bezeichnet. Am Anfang steht die Geldmenge
M1. Zu ihr zählen das Bargeld und die Kundeneinla-

gen bei der Bank, die innerhalb eines Tages abgehoben werden können. Weiter geht es mit der Geldmenge M2. Sie umfasst neben M1 zusätzlich Einlagen, die der Bank bis zu zwei Jahre zur Verfügung gestellt wurden. Zur Geldmenge M3 schließlich gehören zudem noch bestimmte von Banken ausgegebene Anleihen, die die Bank nach einer festgelegten Frist zurückzahlen muss. Die Geldmenge M1 belief sich 2012 in Europa auf 4845 Milliarden Euro, die Geldmenge M2 auf 8726 und die Geldmenge M3 auf 9880 Milliarden Euro.

Diese Einteilung wirkt auf den ersten Blick sehr willkürlich. Denn aus ihr folgt ja, dass Finanzmittel, die der Bank für zwei Jahr überlassen wurden, noch als Geld gelten. Wer seine Ersparnisse dagegen in Aktien oder Immobilien steckt, der verfügt nicht mehr über Geld. Die Unterscheidung ergibt aber Sinn, wenn man sich die Funktion des Geldes ins Gedächtnis ruft. Geld zeichnet sich unter anderem dadurch aus, dass es als Tauschmittel dient. Beim Bargeld ist das ganz klar der Fall, und auch die Guthaben auf dem Girokonto lassen sich einfach zum Bezahlen verwenden. Es ist aber eher ungewöhnlich, die Rechnung für einen Laib Brot mit einer Aktie zu begleichen. Das liegt unter anderem daran, dass der Aktienkurs täglich schwankt – damit lässt sich nicht eindeutig festlegen, wie viel Brot eine Aktie wert ist. Bei der Definition von Geld wurde also darauf geachtet, Finanzwerte zu berücksichtigen, die tatsächlich als Zahlungsmittel verwendet werden können – die also liquide sind.

Wir wissen also jetzt, was Geld ist und wie viel es

davon gibt. Wir wissen auch, dass Bargeld nur einen kleinen Teil der Geldmenge ausmacht und die Einlagen auf der Bank viel wichtiger sind. Aber was hat das mit der Inflation zu tun?

Goldesel und Gelddrucker

Am 24. Juni 2009 drückt ein Mitarbeiter der Europäischen Zentralbank (EZB) in Frankfurt am Main auf eine Taste seines Computers. Kurz darauf geht ein wahrer Geldregen über Europa nieder. 442 Milliarden Euro überweist die EZB an diesem Tag, einem Mittwoch, an die Banken im Währungsraum. Das sind etwa 80 Prozent der jährlichen Steuereinnahmen Deutschlands.

Die 442 Milliarden gehörten vorher aber nicht den Steuerzahlern. Sie gehörten auch nicht den Bankkunden. Es gab sie nicht. Die Notenbank hat sie an diesem Tag neu erschaffen und ausgezahlt. Und das macht sie in den folgenden Monaten immer wieder. Im Dezember 2011 und im Februar 2012 verteilt die EZB insgesamt noch einmal über 1000 Milliarden. Mehr als 800 Banken kommen in den Genuss des Geldes. »Dicke Bertha« nennt Notenbankpräsident Mario Draghi die Aktion, in Anlehnung an ein großkalibriges Geschütz, das von den Deutschen im Ersten Weltkrieg eingesetzt wurde. Woher kommt das ganze Geld?

Um die Frage beantworten zu können, müssen wir uns mit einer besonders kuriosen Spielart des Geldes befassen: dem Zentralbankgeld. Zentralbankgeld ist Geld, das nur von der Zentralbank geschaffen werden kann – und diese Eigenschaft macht es zu etwas ganz Besonderem.

Alle Geschäftsbanken unterhalten Konten bei der Notenbank. Das Geld auf diesen Konten ist – genauso wie das umlaufende Bargeld – Zentralbankgeld. Wenn eine Bank Zentralbankgeld benötigt, hat sie zwei Möglichkeiten. Sie kann es sich bei einer anderen Bank leihen, die gerade Zentralbankgeld übrig hat, weil sie sich mehr davon besorgt hat, als sie selbst braucht. Oder sie muss bei der Notenbank einen Kredit aufnehmen. Die Notenbank prüft dann, ob die Bank berechtigt ist, diesen Kredit aufzunehmen. So muss sie in der Lage sein, Wertpapiere als Pfand zu hinterlegen. Sie dienen der Notenbank als Sicherheit und werden konfisziert, wenn die Bank nicht mehr in der Lage ist, den Kredit zurückzubezahlen.

In der Währungsunion läuft das konkret so ab, dass die Europäische Zentralbank in der Regel einmal in der Woche Kredite an die Geschäftsbanken vergibt. Die entsprechende Summe wird den Instituten auf ihren Konten bei der Zentralbank gutgeschrieben. Sie müssen als Leihgebühr mindestens den Leitzins bezahlen, den die EZB einmal monatlich festlegt. Am Ende einer zuvor fixierten Leihfrist müssen die Geschäftsbanken das Geld an die Notenbank zurückbezahlen. So entsteht ständig neues Geld.

Um der Krise Einhalt zu gebieten, ist die EZB von dieser Praxis abgewichen. Sie hat den Banken außer der Reihe und für einen langen Zeitraum Geld geliehen, und sie hat die Anforderungen an die Sicherheiten, die

die Banken hinterlegen müssen, erheblich aufgeweicht. Durften früher nur erstklassige Wertpapiere eingereicht werden, so werden heute auch Papiere minderer Qualität akzeptiert. Die Laufzeit für die 442 Milliarden Euro, die die EZB den Banken am 24. Juni 2009 gutgeschrieben hat, betrug ein Jahr. Die Summe musste also im Juni 2010 zurückbezahlt werden.

Wenn in den Zeitungen von der großen Geldschwemme der Notenbanken die Rede ist, dann ist dabei fast immer das Zentralbankgeld gemeint. Es hat sich tatsächlich drastisch vermehrt. Die Zentralbankgeldmenge in der Eurozone belief sich im Januar 2008, vor dem Ausbruch der Weltfinanzkrise, auf 870 Milliarden Euro – im September 2012 waren es 1766 Milliarden Euro. Sie hat sich also innerhalb von vier Jahren mehr als verdoppelt!

Angesichts solcher Summen ist es nicht verwunderlich, wenn in der öffentlichen Debatte der Eindruck entsteht, die Notenbanken würden die Wirtschaft mit Geld überschwemmen. Doch dabei bleibt ein entscheidender Punkt unberücksichtigt. Denn das Zentralbankgeld kommt in der Regel überhaupt nicht in der realen Wirtschaft an. Es steckt weder in den Portemonnaies der Privatleute, noch liegt es auf den Konten der Unternehmen. Es zirkuliert in einem immerwährenden Kreislauf zwischen Bank und Notenbank. Manchmal wird die Zentralbankgeldmenge als M0 bezeichnet – als Abgrenzung zu den in der Wirtschaft umlaufenden Geldmengen M1, M2 oder M3.

Wenn man es nicht für realwirtschaftliche Transaktionen verwenden kann – warum gibt es das Zentralbankgeld dann überhaupt? Die Antwort: Weil es die Banken aus verschiedenen Gründen benötigen. So sind sie gesetzlich verpflichtet, einen bestimmten Prozentsatz ihrer Kundeneinlagen mit Zentralbankgeld abzusichern. Wenn diese Mindestreserve wie derzeit in Europa ein Prozent beträgt und sich die Einlagen auf 1000 Milliarden Euro summieren, dann braucht die Bank 10 Milliarden Euro an Zentralbankgeld.

Auch wenn eine Bank Bargeld benötigt, zum Beispiel um es an ihre Kunden auszubezahlen, ist sie auf Zentralbankgeld angewiesen. Denn die Notenbank tauscht nur Zentralbankgeld in Bargeld um. Sie gibt dann den Gelddruckereien in ganz Europa die Anweisung, eine bestimmte Menge an Scheinen an eine bestimmte Bankfiliale auszuliefern. In diesem Fall verringert sich das Guthaben der Bank bei der Notenbank um die entsprechende Summe. Das Bargeld wird also einerseits dem Zentralbankgeld zugerechnet, läuft aber andererseits zum Teil auch in der Wirtschaft um. Allerdings spielt es in der praktischen Geldpolitik in der Regel keine Rolle. Das Wachstum der Bargeldmenge zeigt in der Krise keine Auffälligkeiten. Entscheidend sind die Einlagen der Banken bei der Notenbank. Sie sind in der Krise dramatisch angestiegen.

Die Zentralbank produziert also nur einen Teil des Geldes – das Zentralbankgeld M0. Das wirft die Frage auf, woher all das Geld kommt, das auf den Bankkonten liegt oder zum Einkaufen verwendet wird. Die Antwort: Es wird von den Geschäftsbanken geschaffen. Ob Deutsche Bank oder Commerzbank, ob Sparkasse oder Volksbank. Sie alle bringen Geld in Um-

lauf. Wir sind es zwar gewohnt, beim Thema Geldschöpfung zunächst an die Zentralbanken zu denken.
Tatsächlich aber sind die Geschäftsbanken viel wichtiger. Wie die Zentralbank schaffen sie Geld durch die
Vergabe von Krediten.

Man kann das an einem einfachen Beispiel deutlich
machen: Eine Bank gewährt einem Autohändler ein
Darlehen über 1000 Euro. Das Geld wird dem Girokonto des Autohändlers gutgeschrieben. Er kann sich
damit zum Beispiel einen Computer kaufen und
überweist das Geld dann auf das Girokonto des
Computerhändlers. Der Clou ist nun: Das Geld, das
der Autohändler von der Bank erhalten hat, wurde
niemandem weggenommen. Keiner hat weniger
Geld zur Verfügung, weil der Autohändler 1000 Euro
bekommen hat. Es ist zusätzliches Geld entstanden!
Und zwar wiederum aus dem Nichts. Eine Bank
schöpft Geld, indem sie Kredite vergibt und diese
Kredite den Kunden als Einlage gutschreibt. Banken
gelten gemeinhin als Geldhändler, die Ersparnisse
einsammeln und an die Kreditkunden weiterleiten.
Doch das ist falsch. Banken schaffen Geld, wo vorher keines war.

Das Verfahren dieser Geldschöpfung sei »so einfach,
dass sich der Verstand dagegen wehrt«, schrieb der
amerikanische Ökonom John Kenneth Galbraith
(1908 bis 2006) in den siebziger Jahren. Und dennoch ist es ein wichtiges Merkmal unserer heutigen
Wirtschaftsordnung. Denn auf diese Weise können
Kredite vergeben werden, ohne dass vorher Geld gespart werden musste. Und dabei haben die Banken

enorme Freiheiten. Sie benötigen zwar Zentralbank-geld, um Bargeld auszuzahlen und die Mindestreserve einzuhalten. Aber die Mindestreserve liegt im Moment in Europa bei gerade einmal einem Prozent der Kundeneinlagen und betrug auch früher nur zwei Prozent. Und es kommt eigentlich nie vor, dass alle Kunden zugleich ihre Einlagen abheben. Eine Bank kann sich also darauf verlassen, dass sie nur einen Bruchteil des von ihr geschaffenen Bankengelds auch tatsächlich in Bargeld umwandeln muss. Sie kann viel mehr Geld schöpfen, als sie sich Zentral-bankgeld gesichert hat.

Wenn man so will, verhält es sich mit dem Geld so wie mit dem Kaiser in dem bekannten Märchen von Hans Christian Andersen. Der Kaiser gibt bei zwei Betrügern neue Kleider in Auftrag. Die Betrüger geben vor, einen besonderen Stoff zu verwenden, der nur von Personen gesehen werden könne, die ihres Amtes würdig sind. Aus Angst vor der Schmach, als unwürdig zu gelten, tut der Hofstaat so, als seien die Kleider zu sehen. Der Schwindel fliegt erst auf, als ein Kind sagt, der Kaiser sei doch nackt.

Das Geldsystem funktioniert nur, weil die Wirtschafts-akteure darauf verzichten, über ihr Geld permanent verfügen zu können. Sie vertrauen darauf, dass sie es sich jederzeit auszahlen lassen könnten, doch das ist nicht der Fall. Normalerweise entsprechen zwar die Vermögenswerte einer Bank ihren Verbindlichkeiten. Sie ist also theoretisch in der Lage, ihre Zahlungsver-pflichtungen zu erfüllen. In der Praxis allerdings kann sie das nicht. Denn das Vermögen ist zu einem großen

Teil langfristig angelegt. Es steckt zum Beispiel in Aktien oder wurde als Kredit vergeben – und kann damit nicht über Nacht liquidiert werden. Die Bank nimmt also kurzfristige Gelder herein und leiht sie langfristig aus, dieser Prozess wird Fristentransformation genannt. Würden alle Kunden ihr Geld abheben, bräche die Bank zusammen, weil sie nicht über genug Bargeld verfügt oder Guthaben bei der Zentralbank, die in Bargeld umgewandelt werden können.

So wie der Kaiser in Wahrheit nackt ist, ist unser Geld in Wahrheit nicht kurzfristig verfügbar. Deshalb fürchten Politiker nichts mehr als Bürger, die ihre Konten leeren wollen. Denn wenn die Menschen das System in Frage stellen, muss es kollabieren. Aus diesem Grund sprachen Angela Merkel und Peer Steinbrück auf dem Höhepunkt der Finanzkrise ihre durch keinerlei ökonomische Ressourcen gedeckte Garantie für die Spareinlagen der Deutschen aus. Die Bundesbank hatte ihnen mitgeteilt, dass ungewöhnlich viel Geld abgehoben wurde. Es war klar, dass daraus eine Massenpanik werden kann. Merkel und Steinbrück gelang es, die Bundesbürger davon zu überzeugen, dass der Kaiser doch nicht nackt ist.

Wenn Sie jetzt einwerfen, dass der Kapitalismus also ein großer Schwindel ist, dann haben Sie damit streng genommen sogar recht. Aber wir leben gut damit. Die Fristentransformation ist eine der wichtigsten volkswirtschaftlichen Aufgaben einer Bank. Um große Investitionsprojekte umzusetzen, sind mehrjährige Kredite nötig. Die meisten Sparer aber wollen ihr Geld nicht so lange ausleihen, selbst wenn sie tatsächlich gar nicht darauf zugreifen. Die Bank macht sich das zunutze – und das hat dazu beigetragen, dass in bisher nicht gekanntem Ausmaß Wohlstand geschaffen werden kann.

Hinzu kommt: Wenn nur Gold als Zahlungsmittel akzeptiert wird, muss immer erst gespart werden, bevor ein Kredit vergeben werden kann. Schließlich ist die Goldmenge insgesamt begrenzt, und was der eine hat, fehlt dem anderen. Wenn Geld aus dem Nichts geschöpft werden kann, dann können Kredite vergeben werden, ohne dass vorher Rücklagen gebildet werden müssen. Dadurch kommen die Unternehmen leichter an Kapital für die Finanzierung von Investitionen. Der Historiker Michael North hat gezeigt, wie wichtig das ist: Die preußische Notenbank achtete im 19. Jahrhundert streng darauf, dass die von ihr ausgegebenen Scheine durch Edelmetall gedeckt waren. Die preußischen Kaufleute mussten deshalb das Geld der benachbarten Staaten benutzen, bis ihre Zentralbank die Vorschriften lockerte.

Aus der Tatsache, dass das Geld aus dem Nichts kommt, folgt aber nicht, dass es durch nichts gedeckt wäre. Die Ersparnis, aus der sich der Kredit speist, entsteht gewissermaßen im Nachhinein. In unserem Beispiel kann der Autohändler dank seines Computers vielleicht mehr Autos verkaufen. Er stellt einen Verkäufer ein, der einen monatlichen Lohn erhält. Einen Teil dieses Lohnes spart er. Der Kredit schafft also das Einkommen, und ein Teil dieses Einkommens wird gespart. Investitionen werden also wie bei einer Goldwährung aus Ersparnissen finanziert, nur dass sich die Reihenfolge umkehrt: Erst wird investiert, dann gespart. Das Geld erzeugt auf diese Weise die Güter, denen es seinen Wert verdankt. Entscheidend ist also, ob die mit den Krediten erzeugten Güter tatsächlich werthaltig sind. Genau das war nicht der Fall – und deshalb kam es zur Krise. Als die Blase am amerikanischen Immobilienmarkt platzte, stellte sich heraus, dass Eigenheime weniger wert waren als zunächst vermutet.

Entscheidend ist: Die staatlichen Zentralbanken liefern mit ihrem Zentralbankgeld nur den Rohstoff für das Geld. Geschaffen wird es vor allem von den privaten Banken. Deshalb ist die von den Zentralbanken in Umlauf gebrachte Geldmenge nicht sonderlich aussagekräftig. Es kommt auf die Geldmenge insgesamt an. Wir haben bereits gesehen, dass die Menge des Zentralbankgeldes in der Krise stark gestiegen ist. Doch zugleich haben sich die privaten Banken bei der Geldproduktion stark zurückgehalten! Sie haben viel weniger Kredite vergeben als vorher – und damit weniger Geld unter die Leute gebracht. Die Geldmenge M3, die das Buchgeld der Banken mitzählt, stieg zwischen Januar 2008 und September 2012 – also in dem Zeitraum, in dem sich die Zentralbankgeldmenge verdoppelt hat – nur von 8795 Milliarden Euro auf 9885 Milliarden Euro. Das entspricht einem Zuwachs von gerade einmal gut zehn Prozent!

Wenn in der öffentlichen Diskussion von den vielen Milliarden die Rede ist, die die Zentralbanken in den Markt gepumpt haben, dann entsteht ein verzerrtes

Die Banken streiken
Veränderung der Geldmengen in Prozent

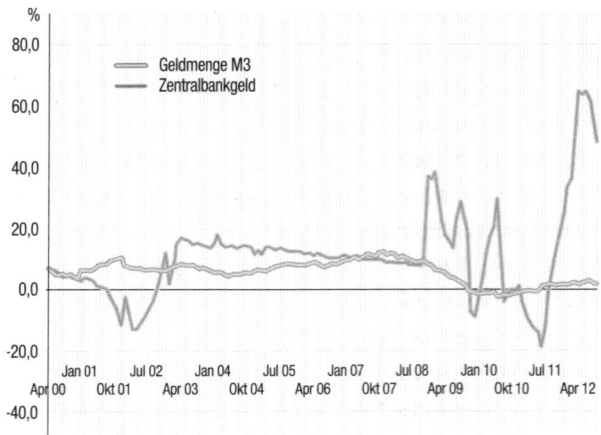

Quelle: EZB, eigene Berechnungen

Bild der Wirklichkeit. Denn es wird dabei völlig unterschlagen, dass zugleich die Banken viel weniger neues Geld schaffen. Wird die private Gelderzeugung berücksichtigt, lässt sich die These von der großen Geldschwemme nicht mehr aufrechterhalten. Denn der Anstieg der Geldmenge insgesamt hat sich in den vergangenen Monaten dramatisch verlangsamt. Im Jahr 2011 vergrößerte sie sich jeden Monat im Schnitt um 1,1 Prozent im Vergleich mit dem entsprechenden Vorjahresmonat. Dagegen wuchs sie im Jahr 2007 – also bevor die EZB ihre Rettungsmaßnahmen einleitete – im Schnitt um kräftige 11,2 Prozent pro Monat.

Es gelangt also heute insgesamt viel weniger frisches

Geld in die Wirtschaft als früher. Man kann es auch so sagen: Früher haben die Banken aus einem Euro Zentralbankgeld viel mehr Kreditgeld geschaffen als heute. Ökonomen sprechen davon, dass sich der Geldmengenmultiplikator verkleinert hat.

Warum haben die Banken sich dann überhaupt so viel Geld bei der Notenbank geliehen, wenn sie es offenbar nicht benötigen, um Kredite zu vergeben? Immerhin müssen sie für das Notenbankgeld Zinsen bezahlen. Ein wichtiger Grund ist die Krise: Normalerweise findet zwischen den Banken ein täglicher Geldausgleich statt. Wenn ein Institut gerade Zentralbankgeld übrig hat, leiht es dieses an ein anderes Institut weiter, das Zentralbankgeld benötigt. Dieser sogenannte Geldmarkt funktioniert nicht mehr richtig, weil die Banken einander nicht vertrauen. Also holt sich jede Bank mehr Zentralbankgeld, als sie für ihre Geschäfte benötigt, um auch für Notfälle gerüstet zu sein. Dadurch wird insgesamt mehr Zentralbankgeld nachgefragt.

Für diese These spricht, dass die Banken damit begannen, die Notenbankkredite vorzeitig zu tilgen, als die Intensität der Krise nachließ. Allein im Januar 2013 zahlten die Institute in der Eurozone von den rund 1000 Milliarden Euro, die sie sich für drei Jahre geliehen hatten, 137 Milliarden Euro an die EZB zurück. In Deutschland löste die Commerzbank ihre Notenbankkredite in Höhe von zehn Milliarden Euro vollständig vorzeitig ab.

Die entscheidende Frage ist also nicht, was mit den 442 Milliarden Euro der EZB geschehen ist. Die entscheidende Frage ist vielmehr, inwieweit sie die Produktion von Buchgeld, also die Kreditvergabe der privaten Banken, angeregt haben. Alle Daten deuten darauf hin, dass dies nicht in nennenswertem Umfang geschehen ist – und es ist eines der größten Defizite der öffentlichen Debatte über die Geldpolitik in Deutschland, dass davon praktisch nie die Rede ist.

Vom Geld zur Inflation

Wir haben gesehen, dass unser Geld nicht in den Zentralbanken geschaffen wird. Sie stellen nur den Rohstoff bereit, den die privaten Banken für die Geldproduktion benutzen. Und auch wenn die Rohstofflager voll sind, wird möglicherweise kaum Geld hergestellt. Deshalb sagt die Menge des Zentralbankgelds für sich genommen wenig über die Inflationsgefahren aus. Aber sollte sich dann nicht an der Entwicklung der Geldmenge insgesamt ablesen lassen, wie stark die Preise steigen?

Diese Frage zu beantworten ist schon kniffliger. Eine sehr einflussreiche ökonomische Denkschule behauptet genau das. Sie nennt sich Monetarismus und geht auf den Chicagoer Wirtschaftsnobelpreisträger Milton Friedman (1912 bis 2006) zurück. Er hat den Satz geprägt, Inflation sei »immer und überall ein monetäres Phänomen«. Das klingt auf den ersten Blick auch plausibel. Wenn gemessen an der Gütermenge zu viel Geld da ist, ist das Geld nichts mehr wert. Um die Inflation bestimmen zu können, muss man also wissen, wie viele Güter produziert werden, wie viel Geld in der Wirtschaft vorhanden ist und wie oft das Geld für den Kauf oder Verkauf verwendet wird. Man braucht also das Bruttoinlandsprodukt, die Geldmenge und die Umlaufgeschwindigkeit. Daraus lässt sich dann der Preisanstieg errechnen. Im Moment bestünde damit noch keine Gefahr, weil ja die Geldmenge insgesamt kaum zunimmt. Doch wenn sich das ändert, wäre das ein Signal für die drohende Inflation.

Aber so einfach ist es nicht. Weil es darauf ankommt, was mit dem Geld geschieht. Im Jahr 2001 beispielsweise kam es zu einem kräftigen Anstieg der Geldmenge M3 in Europa. Für Monetaristen ist das eigentlich ein Signal für wachsende Inflationsgefahren. Doch die Ursache für den Zuwachs war ziemlich banal: Nach den Terroranschlägen vom 11. September schichteten viele Sparer ihre Portfolios um. Sie verkauften riskante Investments zugunsten von sicheren und leicht kündbaren Anlagen, die der Geldmenge M3 zugerechnet werden. Als die Panik abebbte, floss das Geld wieder zurück, und das Wachstum der Geldmenge verlangsamte sich.

Aus diesen und ähnlichen Gründen ist die Geldmenge als Gradmesser für die Inflationsgefahren mehr und mehr ins Hintertreffen geraten. Selbst die Bundesbank, traditionell eine Bastion der Monetaristen, war sich der Grenzen ihres Ansatzes bewusst. Seit den siebziger Jahren hatte sie sich regelmäßig Ziele für das Wachstum der Geldmenge gesetzt – und zugelassen, dass diese immer wieder und zum Teil dramatisch verfehlt wurden. Die amerikanische Notenbank Federal Reserve (Fed) erhebt die Geldmenge M3 überhaupt nicht mehr. Als diese Entscheidung bekannt wurde, haben Verschwörungstheoretiker argumentiert, die Fed wolle verschleiern, dass sie die Welt mit Geld überflute. Tatsächlich war M3 in den USA aber schlicht nicht mehr aussagekräftig. Wenn aber nicht das Geld die Inflation verursacht – was dann?

Eine Welt ohne Geld

Stellen Sie sich vor, sie sind zum Einkaufen auf einem Obstmarkt. Sie beobachten, wie eine Sorte Apfel – äußerst saftig und geschmackvoll – sich besonders gut verkauft. Sie beobachten zugleich, dass die Apfelvorräte langsam zu Ende gehen. Die letzte Kiste wurde bereits angebrochen. Sie wissen auch, dass die Preise nicht festgelegt sind, die Verkäufer können sie also jederzeit variieren. Was wird wohl passieren?

Die Antwort ist nicht schwer: Der Preis für den saftigen Apfel wird steigen. Interessant an dieser Prognose ist, dass sie getroffen werden kann, ohne etwas über die Geldmengen auf dem Markt zu wissen. Und genau diesen Sachverhalt machen sich die meisten volkswirtschaftlichen Modelle heutzutage zunutze. In diesen Modellen kommt Geld in der Regel überhaupt nicht vor. Letztlich funktioniert eine Volkswirtschaft nämlich ähnlich wie ein Obstmarkt. Die Preise steigen, wenn das Angebot knapp ist und die Nachfrage hoch. Und das geht so:

In modernen Industriegesellschaften sind die Löhne in der Regel der wichtigste Kostenblock für die Betriebe. Steigen die Löhne, dann steigen damit also die Kosten. Einen Teil dieser Mehrkosten können die Unternehmen dadurch auffangen, dass ihre Mitarbeiter von Jahr zu Jahr produktiver werden – also in jeder Arbeitsstunde mehr Waren herstellen können. Das liegt daran, dass zum Beispiel Arbeitsabläufe optimiert werden. Steigen die Löhne weiter, könnten die Eigentümer des Unternehmens, also zum Beispiel die Aktionäre, auf Gewinne verzichten. Irgendwann aber werden die Unternehmer die Preise für ihre Produkte anheben müssen, wenn sie kostendeckend arbeiten wollen. Das Preisniveau wird also ganz wesentlich von der Entwicklung der Löhne beeinflusst.

Für die Entwicklung der Löhne jedoch ist die Lage am Arbeitsmarkt entscheidend. Wenn die Arbeitslosigkeit hoch ist, werden die Arbeitnehmer mit niedrigen Löhnen abgespeist. Wenn die Unternehmen händeringend Mitarbeiter suchen, wird es für die Beschäftigten ein Leichtes sein, eine bessere Bezahlung durchzusetzen. Wie es um die Lage am Arbeitsmarkt bestellt ist, hängt wiederum von der Auftragslage der Unternehmen ab, die erst mehr Leute einstellen, wenn sie mit der Produktion nicht mehr nachkommen. Damit wird die gesamtwirtschaftliche Nachfrage zur entscheidenden Determinante der Inflation: Die Preise steigen, wenn die Lohnkosten steigen – und die Lohnkosten steigen, wenn die Nachfrage nach Gütern und Dienstleistungen so rasant zunimmt, dass Arbeitskräfte knapp werden und die Arbeitgeber ihren Beschäftigten mehr Geld bieten müssen.

Aus welchen Quellen sich diese Nachfrage speist, spielt dabei keine Rolle. Der Staat könnte mehr Schulen oder Straßen bauen, die Haushalte könnten ihren

Konsum steigern, die Unternehmen könnten mehr investieren, oder das Ausland könnte mehr Waren kaufen. Wichtig ist, dass die Kapazitäten der Volkswirtschaft – also die in dieser Wirtschaft vorhandenen Arbeitskräfte und Maschinen – stärker ausgelastet werden. Auch wenn eine Inflation in der öffentlichen Debatte mit einer überbordenden Staatstätigkeit gleichgesetzt wird: Ein rasanter Anstieg der privaten Konsumausgaben kann genauso inflationär wirken wie schuldenfinanzierte staatliche Ausgabenprogramme.

Allgemein formuliert: Inflation droht dann, wenn in einer Volkswirtschaft dauerhaft mehr Waren und Dienstleistungen nachgefragt werden, als diese Volkswirtschaft mit ihren Arbeitnehmern zu produzieren vermag. Dann steigen die Kosten und auch die Preise. Genau wie auf dem Obstmarkt der Preis für den saftigen Apfel steigt, wenn mehr davon nachgefragt werden, als vorhanden sind.

Es ist ziemlich offensichtlich, warum aus dieser Perspektive betrachtet derzeit kaum Inflationsgefahr besteht. Halb Europa steckt in einer schweren Wirtschaftskrise. Im Jahr 2012 ist die Wirtschaft in Griechenland, Spanien, Italien und Portugal sogar geschrumpft. Die Zahl der Arbeitslosen steigt dramatisch. Die Auslastung der Produktionskapazitäten ist vielerorts auf dem niedrigsten Stand seit dem Ende des Zweiten Weltkrieges. Und das wird sich so schnell auch nicht ändern. Die Krisenländer müssen die Kreditexzesse der vergangenen Jahre abarbeiten, und das wird ihr Wachstum noch für viele Jahre bremsen. An höhere Löhne ist in einer solchen Lage nicht zu denken – im Gegenteil: Vielerorts steigen die Einkommen nicht nur nicht, sie sinken sogar. Und damit fallen früher oder später auch die Preise.

Dafür gibt es sogar historische Beispiele. In Japan platzte in den neunziger Jahren eine gigantische Immobilienblase. Zeitweilig war zuvor das Grundstück des Kaiserpalasts in Tokio mehr wert gewesen als ganz Kalifornien. Um die marode Wirtschaft anzukurbeln, pumpt die Notenbank schon seit geraumer Zeit Unmengen von frischem Geld in die Wirtschaft, trotzdem steckt das Land seit mehr als zehn Jahren in einer Deflation. Es ist einfach nicht gelungen, so viel Wachstum zu erzeugen, wie nötig wäre, um die Preise steigen zu lassen. Auch viele japanische Ökonomen hatten angesichts der enormen in Umlauf gekommenen Geldmengen vor Inflation gewarnt. Sie lagen genauso daneben wie heute ihre europäischen Kollegen, für die der Anstieg des von der EZB in Umlauf gebrachten Zentralbankgeldes Vorbote eines Teuerungsschubs ist. Und wer bei der Finanzanlage ihrem Rat gefolgt ist, der hat viel Geld verloren.

In Deutschland ist die konjunkturelle Lage nicht ganz so angespannt wie im Rest Europas. Auch die Löhne steigen nach langer Flaute wieder. Die Gefahr einer Überhitzung der Wirtschaft mit rasant steigenden Gehältern besteht allerdings auch hierzulande nicht. Die Arbeitslosenquote liegt immer noch bei rund sieben Prozent – und sie könnte wieder etwas steigen, weil die Krise in Europa allmählich auch die hiesige Wirtschaft erreicht. So hält sich der Preisauftrieb denn auch in Grenzen. Im Jahr 2012 stiegen die Preise um

2,0 Prozent pro Jahr. Nach Prognosen der Bundesbank wird die Inflation in den kommenden Monaten sogar zurückgehen. Im Jahr 2014 liegt sie demnach bei eineinhalb Prozent.

Seit einigen Monaten ist in Deutschland zwar viel von steigenden Mieten die Rede, die Teil der Lebenshaltungskosten sind. In den begehrten Lagen der Ballungsräume sind in der Tat erhebliche Mietsteigerungen zu beobachten. Doch landesweit hält sich der Anstieg der Wohnkosten in Grenzen. Seit 1995 haben sich die Nettokaltmieten um 25 Prozent erhöht. Das entspricht einem Anstieg von lediglich rund 1,4 Prozent pro Jahr. Das Preisniveau insgesamt stieg im selben Zeitraum um 30 Prozent. Wenn die Mieten jetzt in den Innenstädten steigen, dann liegt das nicht daran, dass die Zentralbanken die Geldschleusen geöffnet haben. Viel wichtiger sind stadtplanerische Fehleinschätzungen. Es wurde schlicht nicht vorhergesehen, dass die Menschen heutzutage lieber in den Städten wohnen, weshalb Investitionen in die Infrastruktur unterblieben sind.

Wir haben also gesehen, dass das Phänomen der Inflation erklärt werden kann, ohne sich mit der Menge des umlaufenden Geldes beschäftigen zu müssen. Das bedeutet nicht, dass die Geldmenge keine Rolle spielt. Nur ist es nicht so, dass eine steigende Geldmenge die Preise steigen lässt. Vielmehr sorgt umgekehrt ein durch eine hohe Nachfrage ausgelöster Preisanstieg dafür, dass mehr Geld in Umlauf kommt: Die Banken vergeben mehr Kredite, um die zusätzlichen Ausgaben der Unternehmen und der Haushalte zu finanzieren, und die Geldmenge nimmt schneller zu. Im Abschwung ist das Gegenteil der Fall.

Die Geldmenge ist damit nicht Ursache, sondern Ergebnis wirtschaftlicher Entwicklungen – und deshalb ist es sinnvoller, diese Entwicklungen direkt zu analysieren, statt sich von M1, M2 oder M3 auf eine falsche Spur locken zu lassen. Die große Schwäche einer von der Geldmenge ausgehenden Betrachtungsweise besteht darin, dass sie nicht erklären kann, warum genau die Preise steigen. Die Unternehmen erhöhen sie ja nicht, weil sie in der Zeitung lesen, dass die Geldmenge gestiegen sei. Sie tun es, wenn ihre Kosten steigen und wenn sie ihre Produkte auch zu höheren Preisen noch loswerden – wenn also das Geld auch für den Kauf von Waren und Dienstleistungen ausgegeben wird. Ist das nicht der Fall, führt auch noch so viel Geld nicht zur Inflation. Um die monetaristische Theorie zu retten, müsste es also möglich sein, den Teil der Geldmenge zu messen, der nachfragewirksam wird. Und das ist nicht möglich. Überdies müssen im Moment auch Monetaristen Entwarnung geben, weil die Geldmenge nur moderat wächst.

Zwei einschränkende Bemerkungen: Es gibt neben den Löhnen noch andere Kosten, die das Inflationsniveau in einer Volkswirtschaft bestimmen. Dazu gehören etwa die Rohstoffpreise. Wenn die Unternehmen mehr Geld ausgeben müssen, um ihre Ölrechnungen zu bezahlen, dann werden sie ebenfalls versuchen, die Preise anzuheben. Mit dieser Begründung hat zum Beispiel die Deutsche Bahn zuletzt einige Preiserhöhungen vorgenommen. Es ist also denkbar, dass die

Inflation auch in Phasen mit einer geringen Beschäftigung und einer geringen Kapazitätsauslastung steigt, weil sich die Energie verteuert. Doch in der Regel ist ein solcher Anstieg vorübergehender Natur. Die Energiepreise kennen normalerweise ja nicht nur eine Richtung, sondern fallen auch einmal wieder.

Es ist noch ein weiteres Szenario denkbar, in dem eine hohe Arbeitslosigkeit mit einer hohen Inflationsrate einhergeht. So könnte es sein, dass die Arbeitnehmer das Vertrauen in die Zentralbank verlieren und mit kräftigen Preisanstiegen in der Zukunft rechnen. Sie werden also möglicherweise nur dann einen Job annehmen, wenn der Lohn so hoch ist, dass er diesen erwarteten Verlust an Kaufkraft wettmacht. Für die Unternehmen steigen dann die Kosten, und sie müssen die Preise anheben. Darauf reagieren die Arbeitnehmer wieder mit höheren Lohnforderungen. Schlimmstenfalls dreht sich die Spirale immer weiter, und die Preise steigen rasant, obwohl viele Menschen arbeitslos sind. Derzeit gibt es allerdings noch keine Anzeichen für eine solche Lohn-Preis-Spirale.

Weimar ist weit weg

Wer im November 1923 in Berlin die Straßenbahn benutzen wollte, der musste gut bei Kasse sein. 50 Milliarden Mark kostete eine einfache Fahrt in der Innenstadt. Für einen Liter Milch mussten 360 Milliarden Mark bezahlt werden und für ein Ei 320 Milliarden Mark. Geld wurde in Schubkarren transportiert und zum Heizen verwendet. Die Reichsbank mietete Druckpressen an, um das benötigte Bargeld herstellen zu können. Die Unternehmen ermöglichten es ihren Arbeitern, ihren Lohn sofort nach der Auszahlung in Lebensmittel umzutauschen, weil sie am Abend für ihr Geld kaum noch etwas bekamen. Der Schriftsteller Klaus Mann beobachtete fasziniert die »totale Entwertung des einzigen Wertes, an den eine entgötterte Epoche wahrhaft geglaubt hatte, des Geldes«. Im Jahr 1923 lief im Deutschen Reich Bargeld im Wert von 496 585 346 Billionen Mark um. Das Geld war nicht länger als Mittel zum Tausch und zur Wertaufbewahrung geeignet. Es hatte seine Funktion verloren und damit auch seine Existenzberechtigung. Kurz darauf kam die Währungsreform, die dem Spuk ein Ende bereitete.

Die Hyperinflation der Weimarer Republik – sie gilt heute als Beleg dafür, wie gefährlich die Geldschwemme der Zentralbanken werden kann. Und tatsächlich gibt es einige Parallelen zur aktuellen Situation. Das Deutsche Reich hat die Kriegsaufwendungen des Ersten Weltkriegs nicht über Steuererhöhungen, sondern über die Aufnahme neuer Kredite finanziert. Die Staatsverschuldung schoss dementsprechend in die Höhe. So wie heute in Europa. Sie belief sich im Jahr 1919 auf etwa 200 Milliarden Mark – das entsprach etwa dem Fünffachen der jährlichen Wirtschaftsleistung! Und jeden Tag musste die Regierung neue Kredite aufnehmen – allein im Haushaltsjahr 1919 betrug das Budgetdefizit 38 Milliarden Mark. Bei der Finanzierung dieses Defizits war die Reichsbank behilflich. Sie nahm einen großen Teil der neu ausgegebenen Staatsanleihen ab und schrieb der Regierung den ent-

sprechenden Betrag gut. Als nach dem Attentat auf Au-
ßenminister Walther Rathenau ausländische Anleger
ihr Kapital abzogen, weil sie an der Stabilität der Republik zu zweifeln begannen, sprang erneut die
Reichsbank ein und finanzierte einen noch größeren
Teil der Staatsverschuldung.

Damit enden die Gemeinsamkeiten aber schon. Denn
die Reichsregierung verfolgte eine höchst expansive
Ausgabenpolitik – nicht zuletzt um soziale Unruhen
in der aufgeheizten Nachkriegsatmosphäre zu verhindern. Soldaten mussten wieder eingegliedert,
Kriegsopfer und Hinterbliebene unterstützt werden.
Die zusätzlichen staatlichen Ausgaben erhöhten die
gesamtwirtschaftliche Nachfrage und heizten die oh-
nehin brummende Konjunktur noch weiter an. Im
Jahr 1922 waren gerade einmal 213 000 Menschen
ohne Arbeit, bei einer Gesamtbevölkerung von
62 Millionen. In Deutschland herrschte also Vollbeschäftigung, und entsprechend kräftig zogen die
Löhne an. Der stetig steigenden Nachfrage nach Gütern und Dienstleistungen stand ein beschränktes Angebot gegenüber. Die Kriegswirtschaft musste erst
auf die Produktion ziviler Investitions- und Konsum-
güter umgestellt werden.

Die Lage verschlimmerte sich noch einmal dramatisch, als Frankreich einen Rückstand bei den Repara-
tionsleistungen zum Anlass für einen Einmarsch in
das Ruhrgebiet nahm. Im Januar 1923 besetzten französische und belgische Truppen das Herz der deutschen Industrie und brachten es unter ihre Kontrolle.
Die Bevölkerung reagierte mit einem Generalstreik,

der Produktionskapazitäten lahmlegte und die Staatskassen enorm belastete.

Die Inflation konnte also nur entstehen, weil die Wirtschaft anfangs trotz einer bereits guten Konjunktur weiter stimuliert wurde. Erst dadurch wurde eine Spirale aus steigenden Löhnen und höheren Preisen ausgelöst, die schließlich das Vertrauen in das Geld komplett ruinierte und zum exzessiven Gebrauch der Notenpresse führte.

Während damals eine hohe gesamtwirtschaftliche Nachfrage auf ein begrenztes gesamtwirtschaftliches Angebot traf, ist es heute in Europa aber genau andersherum: Die vorhandenen Produktionskapazitäten werden nur zum Teil genutzt. Deshalb haben viele Menschen keine Arbeit. Und deshalb steigen auch die Preise kaum.

Das wird sich so schnell nicht ändern, denn die Politik der Europäischen Zentralbank hat mit der Politik der Reichsbank wenig gemein. Die EZB hat zwar die Zinsen gesenkt und zusätzliches Geld in Umlauf gebracht. Doch bislang kommt dieses Geld, wie wir gesehen haben, nicht in der realen Wirtschaft an, weil die Banken es nicht für die Vergabe von Darlehen nutzen. Die Kreditvergabe an den privaten Sektor ist trotz der Geldspritzen rückläufig, da sich Unternehmen und Verbraucher zurückhalten. Der Staat könnte in die Lücke springen und zum Beispiel mehr Geld für die Infrastruktur oder Sozialleistungen ausgeben. Doch das passiert nicht, weil die Regierungen in den Krisenländern die Sparvorgaben aus Brüssel beachten müssen. Und selbst wenn die Nachfrage anzöge, bestünde zunächst keine Gefahr. Die Auslastung der Kapazitäten in Europa ist so gering, dass schon sehr viel Geld ausgegeben werden muss, bevor die Inflation nennenswert zu steigen begänne.

Jenseits des Atlantiks ist die Lage ähnlich. Die amerikanische Notenbank Federal Reserve (Fed) unter ihrem Chef Ben Bernanke hat die Geldschleusen noch weiter geöffnet als die EZB, um die Wirtschaft anzuregen und die Arbeitslosigkeit zu senken. So kauft Bernanke amerikanische Staatsanleihen auf, die mit Zentralbankgeld bezahlt werden. Durch dieses Manöver kommt einerseits zusätzliches Zentralbankgeld in Umlauf, andererseits wird das Zinsniveau in der Wirtschaft nach unten gedrückt. Im Dezember 2012 gehörten der Fed Anleihen im Wert von 1660 Milliarden Dollar. Bernanke ist damit zum wichtigsten Kreditgeber der Regierung geworden – wichtiger noch als die Chinesen, die seit der Jahrtausendwende einen Großteil der amerikanischen Schulden finanziert haben.
Aber auch Bernanke hat ein klares Ziel vor Augen. Und dieses Ziel lautet nicht Inflation. Denn obwohl die amerikanische Wirtschaft wieder wächst, sind die Kapazitäten ebenfalls nicht voll ausgelastet. Viel zu viele Menschen haben keinen Job, und anders als in Europa gibt es keinen Sozialstaat, der sie in Notlagen unterstützt, was das Problem noch drängender macht. Die Federal Reserve will über eine Stimulierung der gesamtwirtschaftlichen Nachfrage die Arbeitslosenquote auf 6,5 Prozent drücken. Erst dann wird sie gegensteuern – weil eben erfahrungsgemäß erst dann

die Löhne so stark steigen, dass inflationäre Tendenzen drohen.

Obwohl die Notenbanken die Welt mit Geld überschwemmen, ist die Inflation also bislang unter Kontrolle. Die große Frage ist: Wie lange noch? Das ist das Thema des nächsten Kapitels.

Wer kontrolliert die Preise?

Mayer Amschel Rothschild war ein begnadeter Bankier. Aufgewachsen in einfachen Verhältnissen in der Frankfurter Judengasse, legte er den Grundstein für ein Finanzimperium, das im 19. Jahrhundert Staaten, Eisenbahnen und Unternehmen finanzierte und als Bankhaus Rothschild noch heute in vielen Ländern aktiv ist. »Gib mir die Kontrolle über das Geld einer Nation, und es interessiert mich nicht, wer die Gesetze macht«, soll er einmal gesagt haben. Das ist natürlich eine Übertreibung, aber sie enthält einen wahren Kern. Wer also bestimmt über unser Geld?

Formell ist das der Rat der Notenbank. In Europa gehören diesem Gremium die Gouverneure der nationalen Notenbanken der Euro-Zone und die fünf Direktoren der EZB an. Den Vorsitz hat aktuell Mario Draghi inne, der Präsident. Der Rat trifft sich zweimal im Monat und legt die Geldversorgung fest. Meistens beginnen diese Treffen mit einem Abendessen an einem Mittwoch, dann folgt eine längere Sitzung am Donnerstagvormittag. Die Ratsmitglieder versammeln sich in alphabetischer Reihung um einen runden Tisch. Das soll signalisieren, dass sie dem Gremium in ihrer Eigenschaft als gleichgewichtige Geldexperten angehören und nicht als Vertreter ihrer unterschiedlich großen und einflussreichen Länder. Nach der Sitzung gibt es ein gemeinsames Mittagessen, dann verkündet der Präsident die Beschlüsse in einer Pressekonferenz. Doch wie gesehen, schaffen die privaten Banken das meiste Geld, indem sie Kredite an

Unternehmen, Haushalte und den Staat vergeben. Wurde also das Geldsystem in die Hände der Finanzbranche gelegt, zum Schaden der Allgemeinheit? Und wer kontrolliert wirklich das Geld – die Geschäftsbanken oder die Zentralbank?

Die Macht der Notenpresse

Die Wahrheit liegt wie so häufig irgendwo dazwischen. Direkt steuern können die Notenbanken die Ausstattung des Finanzsektors mit Zentralbankgeld, was die privaten Banken aber mit diesem Geld anstellen, entzieht sich ihrer unmittelbaren Kontrolle. Für viele Inflationspropheten ist das ein entscheidender Punkt: Sie argumentieren, dass die Notenbanken die Voraussetzungen für einen Preisschub geschaffen haben, den sie nicht mehr stoppen können. Draghi und seine Kollegen haben in den vergangenen Monaten schließlich viele Milliarden an Zentralbankgeld produziert. Dieses Geld mag heute noch keinen Schaden anrichten, weil die Banken damit wenig Buchgeld schaffen. Doch das kann sich ändern, wenn die Konjunktur anzieht. Wenn die Bankchefs dann plötzlich auf die Idee kämen, ihre Kreditvergabe drastisch nach oben zu fahren, dann hätten sie jede Menge Zentralbankgeld als Rohstoff zur Verfügung. Genug möglicherweise für eine kräftige Inflation. Das Zentralbankgeld würde in Kaufkraft umgewandelt, die die Nachfrage und dann die Preise steigen lässt.

Dabei wird allerdings übersehen, dass die Zentralbanken eine ganze Reihe von Möglichkeiten besitzen, um dem Wirtschaftskreislauf Geld zu entziehen. Der größte Teil des krisenbedingt neu geschaffenen Zentralbankgeldes beispielsweise verfügt über einen eingebauten Selbstzerstörungsmechanismus. Die Banken müssen das Geld nach einer bestimmten Zeit – bei der »Dicken Bertha« sind es drei Jahre – an die Notenbank zurücküberweisen, und damit hört es auf zu existieren. Denn so wie jede Kreditvergabe Geld schafft, zerstört jeder auslaufende Kredit Geld. Falls den Notenbanken schon vor Ablauf dieser Frist die Kontrolle über den Geldschöpfungsprozess zu entgleiten droht, können sie an die Banken Wertpapiere verkaufen. Die Banken erhalten also zum Beispiel eine Anleihe, und im Gegenzug wird das Guthaben auf ihrem Konto bei der Notenbank verringert. Damit wird das im Überfluss vorhandene Geld unschädlich gemacht. Die Zentralbanken haben nicht nur die Fähigkeit, Geld aus dem Nichts zu schaffen, sie können es ebenfalls wieder vernichten.

Aber auch die Weiterverarbeitung des Geldes – also die Kreditvergabe der Banken – wird von den Notenbanken zumindest indirekt beeinflusst. Wie wir gesehen haben, benötigen die Finanzinstitute Zentralbankgeld, zum Beispiel um die Mindestreserveanforderungen zu erfüllen. Die Zentralbanken setzen über ihren Leitzins den Preis dieses Zentralbankgelds fest. Wenn sie den Leitzins anheben, geben die Banken die gestiegenen Kosten an ihre Kreditkunden weiter. Diese Kunden müssen dann ebenfalls höhere Zinsen bezahlen. Das hat Folgen, denn Unternehmen beispielsweise borgen sich Darlehen für neue Maschinen oder

Produktionshallen nur, wenn sie mit der Investition mindestens den Zins erwirtschaften, den sie an die Bank abführen müssen. Sonst lohnt sich die Investition und damit die Kreditaufnahme nicht. Eine Anhebung der Zinsen hat also zur Folge, dass aus Sicht der Firmen nun weniger Investitionsprojekte rentabel sind, weil die Gewinnschwelle verschoben wurde. Damit werden auch weniger Kredite aufgenommen, die Geldproduktion wird gedrosselt, und die Inflationsgefahren gehen zurück.

Nun haben wir gesehen, dass die Geldmenge in den modernen ökonomischen Modellen nicht als ausschlaggebend für die Preisentwicklung begriffen wird. In diesem Fall ist die Wirkungskette noch kürzer, führt aber zu demselben Ergebnis: Wenn weniger investiert wird, entlassen die Unternehmen Mitarbeiter, die Arbeitslosigkeit steigt, die Arbeitnehmer geben sich mit geringeren Löhnen zufrieden, und die Teuerungsrate nimmt ab.

Die Notenbanken steuern die Geldproduktion also, indem sie eine bestimmte Menge Zentralbankgeld in Umlauf bringen und über die Festlegung des Leitzinses Anreize für die Kreditvergabe der Banken setzen. Das bedeutet: Obwohl die Geschäftsbanken bei der Geldproduktion eine entscheidende Rolle spielen, sind es die Zentralbanken, die am Ende entscheiden, wohin die Reise geht. Sie können das geschaffene Geld jederzeit wieder einsammeln. Sie sind in der Lage, das Wirtschaftswachstum durch Zinserhöhungen wieder abzubremsen, wenn die Nachfrage irgendwann das Angebot übersteigen sollte und die Löhne und damit die Preise rasant zu steigen beginnen. Die Notenbank ist Herr des Verfahrens – und wer die große Inflation vorhersagt, der sagt vorher, dass Mario Draghi versagt. Die entscheidende Frage ist also, wie wahrscheinlich das ist.

Die neue Welt der Zentralbanken

Das heutige Geldsystem zeichnet sich dadurch aus, dass sich mit bedrucktem Papier Waren und Dienstleistungen erwerben lassen. Damit sind Regierungen immer in Versuchung, sich durch Gelddrucken politische Vorteile zu verschaffen. Wenn die Notenbanken die Geldschleusen länger geöffnet halten, als es ökonomisch angezeigt ist, kurbelt das zunächst Wachstum und Beschäftigung an, während sich die schädlichen Folgen einer solchen Politik erst langfristig bemerkbar machen.

Aus diesem Grund sind heutzutage fast alle Notenbanken in der industrialisierten Welt unabhängig. Sie sollen sich bei ihren Entscheidungen allein von sachlichen Erwägungen leiten lassen. Die Demokratien haben sich in monetären Angelegenheiten selbst die Hände gebunden. Im Gegenzug wurde das Mandat der Notenbanken klar definiert und eng umgrenzt. In den meisten Fällen besteht es darin, für Preisstabilität zu sorgen. Aber auch die Notenbanken sind Teil des Staatsapparats und können sich politischen Trends nicht völlig entziehen – zumal ihr Führungspersonal in der Regel von den Regierungen ernannt wird. Die Nähe zur Politik hat in der Krise noch zugenommen.

Notenbanken erledigen heutzutage eine Reihe von zusätzlichen Aufgaben. Sie springen bei der Bankenrettung ein, sie beaufsichtigen Kreditinstitute, und sie helfen bei der Finanzierung von Staaten. Die Entscheidung über die Zinsen – das klassische Instrument der Geldpolitik – ist mehr und mehr in den Hintergrund gerückt.

Mit der Aufgabenfülle wächst in den Augen der Skeptiker auch die Gefahr, dass die Notenbanken ihr Hauptziel, die Sicherung stabiler Preise, aus den Augen verlieren. Ein Beispiel für einen möglichen Zielkonflikt ist die Bankenaufsicht: Der Konkurs einer Bank ist in der Regel für die Steuerzahler mit Kosten verbunden. Wenn die Notenbank, wie es in Europa geplant ist, auch für die Stabilität der Finanzinstitute verantwortlich gemacht wird, könnte sie versucht sein, marode Banken durch niedrige Zinsen am Leben zu erhalten, auch wenn eigentlich eine Zinserhöhung sinnvoll wäre. Zudem besteht die Gefahr, dass die Bankenaufsicht zum Einfallstor für die politische Kontrolle der Notenbanken wird. Denn je mehr sich die Notenbanken auf das Terrain der Politik begeben, desto lauter werden Forderungen nach einer stärkeren parlamentarischen Kontrolle.

Solche Einwände sind legitim, sie ändern aber nichts an der Tatsache, dass eine Inflation nicht einfach ein monetärer Unfall ist. Sie kommt nur, wenn wir es auch zulassen – beziehungsweise Politiker wählen, die das tun! Es sind institutionelle Arrangements möglich, die es erlauben, die neuen Aufgaben für die Zentralbanken mit dem Mandat der Preisstabilität zu verbinden. Im konkreten Fall könnte das so aussehen, dass die geldpolitischen Zuständigkeiten streng von bankenaufsichtlichen Kompetenzen getrennt werden. Ganz ähnlich ist das in Deutschland geregelt. Die Bundesbank und die Bundesanstalt für Finanzdienstleistungsaufsicht prüfen die Banken gemeinsam, aber die parlamentarisch kontrollierte Aufsicht ist für hoheitliche Akte wie die Entscheidung über die Schließung einer Bank zuständig.

Die Tücken der Geldreform

Im Jahr 1927 hört Frank Knight, ein aufstrebender Wirtschaftsprofessor an der Universität von Chicago, von einer revolutionären Idee aus Großbritannien. Im Vereinigten Königreich haben Wissenschaftler ein Verfahren entwickelt, mit dem sich die privaten Banken aus der Geldschöpfung verbannen lassen. Knight ist begeistert und setzt ein Memorandum an den damaligen amerikanischen Präsidenten Franklin Delano Roosevelt auf, das viele seiner Kollegen in Chicago unterzeichnen. Die meisten von ihnen sind liberale Ökonomen, aber sie eint eine zutiefst staatsfreundliche Überzeugung: Sie wollen den Zentralbanken das Monopol in der Geldproduktion geben.

Das Memorandum ist als Chicago-Plan in die Wirtschaftsgeschichte eingegangen. Er wurde nie umgesetzt, fasziniert aber die Menschen noch heute. Auch in Deutschland gibt es Initiativen, die sich für die Vollverstaatlichung der Geldversorgung aussprechen. Die Unzufriedenheit mit der Notenbankpolitik in der

Krise und die Sehnsucht nach einem gerechteren und stabileren Finanzsystem hat solchen Reformbewegungen erheblichen Zulauf verschafft.

Konkret schlugen Knight und seine Kollegen vor, dass die Banken nur Kredite ausgeben dürfen, wenn sie zu 100 Prozent durch Zentralbankgeld abgedeckt sind. Die Banken könnten also kein eigenes Geld mehr schaffen. Sie müssten sich das Geld, das sie an ihre Kundschaft verleihen, vorher bei der Notenbank besorgen. Die Notenbank wäre der einzige Geldproduzent, die Banken würden es nur noch verteilen. Gerade im linken politischen Lager ist die Idee populär, verspricht sie doch, die Macht der Banken zu beschneiden. Die Frage ist allerdings, wem damit gedient ist. Denn wie wir gesehen haben, haben die Notenbanken auch in der bestehenden Währungsordnung erheblichen, wenn auch indirekten Einfluss auf die Geldproduktion. Das Problem ist eher, dass sie zu oft davor zurückschrecken, diesen Einfluss auch auszuüben.

So hat die Europäische Zentralbank den Mindestreservesatz nie über zwei Prozent angehoben. Dabei wäre eine Erhöhung dieses Satzes ein sehr wirksames Mittel, um eine übermäßige Vergabe von Krediten einzuschränken. Die Mindestreserve gibt an, welchen Anteil an ihren Kundeneinlagen eine Bank mit Zentralbankgeld abdecken muss. Eine Mindestreserve von zwei Prozent bedeutet, dass eine Bank mit Kundeneinlagen in Höhe von 100 Millionen Euro exakt zwei Millionen Euro Zentralbankgeld benötigt, für das sie Zinsen bezahlen muss. Steigt die Mindestreserve auf vier Prozent, wären schon vier Millionen

Euro nötig. Je höher die Mindestreserve, desto weniger Kredit kann das Bankensystem also aus einer gegebenen Menge Zentralbankgeld schöpfen.

Ein weiteres und noch viel genaueres Steuerungsinstrument sind die Eigenkapitalvorschriften. In fast allen Ländern müssen Banken ihre Kredite durch Eigenkapital – also Kapital, das ihnen selbst gehört und zum Beispiel von ihren Aktionären kommt – absichern. Das funktioniert konkret so, dass die Bank Eigenkapital in der Höhe eines bestimmten Prozentsatzes ihres Geschäftsvolumens vorhalten muss. Bei einer Eigenkapitalquote von acht Prozent und einem Geschäftsvolumen von 100 Milliarden Euro wären das acht Milliarden Euro. Auf diese Weise soll verhindert werden, dass ein Kreditausfall gleich zum Zusammenbruch der Bank führt und der Steuerzahler einspringen muss. Zunächst würden Verluste das Eigenkapital aufzehren. Somit wären zuerst die Bankaktionäre betroffen, die das Eigenkapital bereitstellen – und das ist auch gerecht, sie sind für die Geschäftspraktiken ihres Instituts immerhin verantwortlich.

Mittels einer Erhöhung der Eigenkapitalanforderungen könnte nun die Kreditvergabe eingedämmt werden, denn für jeden Kredit müsste mehr Kapital vorgehalten werden. Die meisten Eigentümer sind aber nicht ohne weiteres dazu bereit, zusätzliches Kapital in ihre Unternehmen zu geben. Also müsste die Bank ihre Geschäftsaktivitäten zurückfahren. In der Vergangenheit wurde von dieser Möglichkeit so gut wie nie Gebrauch gemacht – im Gegenteil: Die Kapitalregeln wurden immer weiter gelockert.

Die Eigenkapitalvorschriften werden von einem in Basel ansässigen internationalen Gremium, dem sogenannten Basler Ausschuss, festgelegt und dann von den Regierungen in nationales Recht umgesetzt. Dem Gremium gehören Notenbanker und Finanzaufseher aus den wichtigsten Industrie- und Schwellenländern an. Zunächst schrieb es den Banken vor, einen pauschalen Betrag vorzuhalten, der sich an ihrer Bilanzsumme bemaß. Im Laufe der Jahre ging man dazu über, die Menge des geforderten Eigenkapitals vom Risikogehalt der Kredite abhängig zu machen. Für riskante Kredite mussten die Banken mehr, für weniger riskante weniger eigenes Kapital vorhalten.

Das klingt zunächst ganz sinnvoll, schließlich ist ein riskanter Kredit gefährlicher als ein weniger riskanter. Doch zugleich erlaubte man den Banken, mit ihren eigenen Methoden zu bestimmen, welcher Kredit riskant ist und welcher nicht. Es ist nicht verwunderlich, dass die Banken Verfahren anwendeten, die die Risiken systematisch unterschätzten – und so ihren Spielraum für die Vergabe von Krediten ausdehnen konnten.

Wohin das führen kann, zeigt der Fall Spanien. Die spanischen Finanzhäuser reichten nach der Jahrtausendwende ein Immobiliendarlehen nach dem anderen aus, obwohl sich auf dem spanischen Immobilienmarkt längst eine Blase gebildet hatte. Als die Immobilienpreise sanken und viele Haushalte wegen der Krise ihre Hypotheken nicht mehr bedienen konnten, mussten die Banken ihre Forderungen abschreiben – weil der Erlös beim Verkauf des Eigenheims nicht ausreichte, um die Schulden abzubezahlen. Die spanischen Aufsichtsbehörden haben das Problem zwar erkannt. Sie haben die Banken sogar gezwungen, mehr Geld auf die Seite zu legen. Doch um den Kreditboom zu bekämpfen, wären noch viel drastischere Eingriffe nötig gewesen. Dann hätte es in Spanien auch keine Immobilienblase gegeben.

Die Notenbanken und die Finanzaufseher haben also Mittel und Wege, um eine unkontrollierte Geldproduktion zu verhindern. Sie haben davon nur nicht ausreichend Gebrauch gemacht. Es ist aber zu hoffen, dass sie ihre Zurückhaltung in Zukunft aufgeben, da die Krise gezeigt hat, welchen Schaden zu viel Kredit an der falschen Stelle anrichten kann. Das gilt umso mehr, als die Kontrollmöglichkeiten der Zentralbanken zuletzt noch einmal ausgeweitet wurden. So wurde in die aktuellen, im Dezember 2010 verabschiedeten Eigenkapitalvorschriften ein sogenannter antizyklischer Puffer integriert. Die Aufsichtsbehörden können damit in Boomzeiten die Kreditvergabe herunterbremsen, indem sie die Banken dazu zwingen, mehr Kapital zurückzulegen. Im Abschwung dann können die Regeln wieder gelockert werden, damit die Banken mehr Ressourcen zur Verfügung haben, um die Wirtschaft wieder für den nächsten Aufschwung vorzubereiten. Das Auf und Ab der Märkte lässt sich so glätten. Es braucht also keine Revolution, um das Geldwesen stabiler zu machen.

Freiheit für das Geld?

Am 10. Oktober 1930, ein Jahr nach dem großen Börsencrash an der Wall Street, beschäftigt sich der Völ-
kerbund in Genf mit dem Thema Geldreform. Auch
der aufstrebende Ökonom Ludwig von Mises ist ein-
geladen. Er lehrt an der Universität von Wien und gehört der sogenannten österreichischen Schule der Na-
tionalökonomie an. Die Österreicher feiern den Kapitalismus als Garant der Freiheit und lehnen staatliche
Interventionen jeder Art ab. Genau wie seine Kollegen aus Chicago hat sich Mises mit möglichen Reformen der Geldordnung beschäftigt. Aber er schlägt
einen anderen Weg ein als die Amerikaner.

Für Mises gibt es im Geldwesen nicht zu wenig, sondern zu viel Staat. Er glaubt, dass den Zentralbanken
die Kontrolle über das Geld entzogen werden müsse.
Ansonsten würden sie unter dem Druck der Politik
immer wieder versucht sein, die Währung aufzuwei-
chen. Die staatliche Geldschöpfung aus dem Nichts
ist für Mises eine Todsünde. Aber nicht einmal die
damals noch geläufige Kopplung der Währung an das
Gold reicht ihm aus. Er will mehr. Mises sucht nach
Wegen, wie der »menschliche Einfluss aus dem Um-
laufmittelwesen ausgeschaltet werden kann«, wie er
in seinem 1912 erschienenen Buch »Theorie des Geldes als Umlaufmittel« schreibt.

Der Goldstandard sah zwar vor, dass das von den
Zentralbanken ausgegebene Geld durch Goldreserven
gedeckt sein muss. Das war bereits eine Einschränkung der Handlungsfreiheit der Notenbanken, denn
die Goldmenge kann nicht einfach so erhöht oder ge-

senkt werden. Das auf der Erde verfügbare Gold ist schließlich begrenzt und die Goldförderung eine langwierige Angelegenheit. Mises erkannte aber, dass selbst der Goldstandard eine künstliche Ausweitung der Geldmenge nicht verhindern kann, weil auch die privaten Banken Geld schöpfen können – und die Golddeckung für dieses Buchgeld nur eingeschränkt galt.

Das hielt er für gefährlich. Mises fürchtete, dass auch die Banken politisch unter Druck gesetzt werden können, die Geldmenge übermäßig auszuweiten. Deshalb forderte er, dass das Buchgeld der Banken ebenfalls durch Gold gedeckt sein müsse. Geldschöpfung wäre nicht mehr möglich. Wie die Ökonomen aus Chicago wollte Mises also die Geldproduktion der Banken verbieten – aber während die Amerikaner das Geld in die Hände der Zentralbank geben wollten, ging es dem staatsskeptischen Österreicher darum, die Währung radikal zu entpolitisieren. Die große Krise der letzten Jahre hat auch das Interesse an den Schriften von Ludwig von Mises geweckt. Der FDP-Bundestagsabgeordnete Frank Schaeffler etwa, ein Kritiker der Rettungspolitik der Bundesregierung, bezieht sich auf ihn.

Die Einschränkung oder Abschaffung der Geldschöpfung aber hat einen großen Nachteil: Die Politik hätte es schwerer, Wirtschaftskrisen zu bekämpfen. Als die Währungen im 19. Jahrhundert an das Gold gekoppelt waren, waren die Ausschläge der Konjunktur viel größer als heute. Überdies trug der Goldstandard dazu bei, dass aus dem Börsencrash des Jahres 1929 eine verheerende Weltwirtschaftskrise werden konnte. Die Zentralbanken waren nicht in der Lage, den von Krise und Kapitalflucht betroffenen Volkswirtschaften dringend benötigtes Geld zur Verfügung zu stellen, weil sie nicht über genug Gold verfügten.

In Deutschland hatte sich die Reichsbank verpflichtet, mindestens 40 Prozent der umlaufenden Noten und Münzen durch Gold zu decken. Die Goldvorräte reichten gerade aus, um dieses Ziel einzuhalten. Als dann im Jahr 1931 die amerikanische Krise nach Europa schwappte und reihenweise Banken in Schieflage gerieten, konnte die Reichsbank wenig dagegen tun. Deutschland wurde von der Weltwirtschaftskrise mit voller Wucht erwischt. In Großbritannien, das sich schon 1931 vom Goldstandard lossagte, nahm die Krise einen vergleichsweise milden Verlauf. Vielleicht wäre die Geschichte des 20. Jahrhunderts anders verlaufen, wenn die Menschheit ihr Schicksal nicht dem Gold überantwortet hätte. Für den britischen Ökonomen John Maynard Keynes – den großen Gegenspieler der Österreicher – war das gelbe Metall deshalb ein »barbarisches Relikt«, das die Wirtschaftspolitik unnötig einengte.

Währungsordnungen werden nicht am Reißbrett entworfen. Sie sind das Ergebnis von historischen Entwicklungen und damit das Ergebnis der jeweiligen Interessenkonstellationen. In den USA wehrte sich die Finanzbranche heftig gegen den Plan der Ökonomen aus Chicago und brachte ihn damit zu Fall. Zwar ist die Kreditvergabe für die Banken kein risikoloses Geschäft, weil es ja immer passieren kann, dass der

Kredit nicht zurückbezahlt wird. Aus Sicht der Banken würde eine Vollverstaatlichung des Geldes – genau wie eine hundertprozentige Golddeckung – aber mit einem erheblichen Verlust an Einfluss einhergehen, und deshalb hielt sich die Begeisterung für die Vorschläge in Grenzen.

Doch bei der Bewertung eines Geldmodells sollte es nicht darauf ankommen, wer dafür ist und wer dagegen, sondern ob es dem Gemeinwohl dienlich ist oder nicht. Am Ende hängt das Urteil damit vom Vertrauen in die Weisheit politischen Handelns ab. Wer glaubt, dass Politiker immer nur an die nächste Wahl denken oder von mächtigen Interessengruppen gekauft werden können, der wird sein Geld nicht einer Zentralbank anvertrauen. Die Notenbanken sind zwar heute dem Gesetz nach unabhängig, doch absoluten Schutz vor politischer Einflussnahme bietet das nicht. Ihre Präsidenten werden von Politikern eingesetzt und sind Teil der Gesellschaft. Wenn in einer Krise mit hoher Arbeitslosigkeit der Druck wächst, die Zinsen zu senken, dann ist es schwer, sich diesem Druck zu entziehen – auch wenn es vielleicht aus ökonomischen Gründen geboten wäre.

Wenn aber die Politik ein Mindestmaß an Vernunft aufzubringen in der Lage ist, dann ist es besser, die Kontrolle über das Geld demokratisch legitimierten Institutionen anzuvertrauen, die im Ernstfall reagieren können, statt die Wirtschaft einem starren Regime auszuliefern. Und es spricht viel dafür, dass die Politiker nicht so schlecht sind, wie sie häufig dargestellt werden. Sie haben den Notenbanken den Raum gegeben, um auf die Krise zu reagieren. Das hat sich bislang ausgezahlt – auch für Deutschland, denn so erholte sich die Wirtschaft nach einer kurzen Delle 2008/09 wieder. Obwohl es einige Regierungen gerade in Südeuropa gerne sähen, wenn die Notenbank noch aggressiver eingriffe, respektieren sie doch die Unabhängigkeit der Zentralbank.

Der Vorteil der heutigen Währungsordnung ist es, dass die Geldpolitik zwar unabhängig ist, der demokratischen Überwachung aber nicht vollständig entzogen wurde. Das sorgt für Berechenbarkeit, erlaubt aber Flexibilität. Auch das Währungssystem von Bretton Woods war ein solche Mischform: Zwar war der Dollar an das Gold gekoppelt, doch die anderen Währungen konnten je nach Leistungsfähigkeit der jeweiligen Wirtschaft aufgewertet und abgewertet werden. Zudem wurde der Internationale Währungsfonds aus der Taufe gehoben, der seinen Mitgliedsstaaten Notkredite einräumen kann, wenn sie in Schwierigkeiten geraten. Das hat viele Jahre lang gut funktioniert. »Die Goldwährung«, schrieb der Österreicher Ludwig von Mises, »macht die Gestaltung der Kaufkraft von dem Einfluss der Politik unabhängig. Das ist ihr Vorzug.« Man könnte auch sagen, ihr größtes Manko.

Falschmünzer Draghi?

Wenn ein Generalsekretär auf den Putz hauen können muss, dann ist Alexander Dobrindt ein guter Generalsekretär. Der CSU-Mann ist für seine deftigen Aussagen zu fast jedem Thema bekannt. Im August 2012 äußert sich Dobrindt in einem Zeitungsinterview zur Politik der EZB. Notenbankpräsident Mario Draghi sei auf dem besten Weg, »in das Geschichtsbuch als der Falschmünzer Europas einzugehen«, sagt Dobrindt. Die EZB mutiere zu einer »Inflationsbank«. Dobrindt musste für seine Kommentare viel Kritik einstecken, auch aus den eigenen Reihen. Er hat aber zum Ausdruck gebracht, was viele Deutsche empfinden. Nach einer repräsentativen Umfrage vom September 2012 haben 42 Prozent der Bundesbürger kein oder nur wenig Vertrauen in den Chef der Notenbank. Ist die Skepsis berechtigt?

Um die Frage zu beantworten, muss man sich zunächst kurz mit den Ursachen der Krise der Währungsunion beschäftigen. Die Einführung des Euro brachte die Kapitalströme in Europa gehörig durcheinander. Investoren aus aller Welt transferierten ihr Geld in den Süden des Kontinents, der ihnen plötzlich als sicherer Anlageort erschien. Früher hatten Länder wie Italien häufig ihre Währung abgewertet und damit auch den Wert der in ihrem Land angelegten Gelder gemindert. Diese Gefahr bestand nun nicht mehr, weil es ja keine nationalen Währungen mehr gab. Die Kapitalzuflüsse aus dem Ausland finanzierten einen Wirtschaftsaufschwung mit kräftig steigenden Löhnen. In Griechenland wurde die Staatsverschuldung ausgeweitet. In Spanien und Irland nahmen die Haushalte Kredite auf und kauften damit Immobilien, deren Preise immer weiter stiegen. Deshalb ist es auch irreführend, die Krise als Staatsschuldenkrise zu bezeichnen. In einigen Ländern stieg die Verschuldung des Staates, in anderen war es die der Privaten.

Als die Zweifel an diesem Wachstumsmodell wuchsen und die Staaten infolge der Finanzkrise auch noch Milliarden aufwenden mussten, um ihre Banken zu retten, holten die Investoren aus dem Ausland ihr Geld zurück. Sie hatten Angst davor, dass der Währungsraum zerbricht. Das hätte dazu geführt, dass sich ein großer Teil ihres Geldes in Luft aufgelöst hätte. Denn sie hätten es nicht mehr in Euro zurückerhalten, sondern in Lira oder Escudo. Deshalb investierten sie nur noch in Südeuropa, wenn ihnen als Ausgleich für das Risiko hohe Zinsen geboten wurden. Allein deutsche Banken reduzierten ihre Forderungen gegenüber Schuldnern in Spanien zwischen Januar 2008 und September 2012 von 201 Milliarden Euro auf 94 Milliarden Euro. Das entspricht mehr als einer Halbierung des Engagements!

Eine solche schlagartige Umkehr der Kapitalströme ist die Ursache fast aller Finanzkrisen. Sie geht für die betroffenen Länder häufig mit heftigen ökonomischen und sozialen Verwerfungen einher: Banken kollabieren, die Wirtschaft leidet, es droht der Staatsbankrott. Die Asienkrise der neunziger Jahre etwa stürzte die aufstrebenden Volkswirtschaften der Region in eine tiefe und schwere Rezession. So weit sollte es in Europa nicht kommen – auch weil für ein Mitglied einer Währungsunion die Lage in einer solchen Situation besonders prekär ist. Wenn das Kapital aus einem souveränen Staat mit eigener Währung flieht, verliert diese Währung an Wert. Davon profitiert die Exportindustrie, die ihre Waren dann billiger ins Ausland verkaufen kann. Das mildert die Krise etwas ab. Innerhalb der Eurozone aber ist eine Abwertung nicht möglich. Deshalb ist die Kapitalflucht für die betroffenen Länder besonders schlimm.

Auch aus diesem Grund griff die Politik ein. Es wurde die in Luxemburg ansässige Europäische Finanzstabilitätsfazilität (EFSF) aus der Taufe gehoben, die inzwischen um den permanenten Rettungsfonds ESM ergänzt worden ist. Damit war es möglich, den Krisenstaaten zinsgünstige Notkredite bereitzustellen. Zugleich – und noch viel wichtiger – erleichterte die EZB den Banken im Süden den Zugang zu Zentralbankgeld. So gingen Schätzungen zufolge rund zwei Drittel der Mittel aus den Geldspritzen der »Dicken Bertha« an Finanzinstitute in den Krisenstaaten. Allein die spanischen Banken hatten sich zum Stand August 2012 insgesamt 411 Milliarden Euro bei der EZB geliehen, im Jahr 2008 waren es noch weniger als 100 Milliarden. Dank der zusätzlichen Mittel waren die Banken in der Lage, weiter Kredite zu vergeben. Davon profitierte auch die öffentliche Hand, weil die Institute auch den Staaten Kredite gewährten. Das Geld der EZB ersetzte also das private Geld, das nicht mehr floss – und den Staaten der Währungsunion blieb somit das Schicksal vieler Schwellen- und Entwicklungsländer erspart, die bei einer Kapitalflucht auf sich selbst gestellt sind.

Im Sommer 2012 gelangte Mario Draghi zu der Überzeugung, dass auch das nicht ausreicht. Obwohl viele Krisenländer bereits Reformen umsetzten, kamen die Investoren nicht zurück. Und so traf er an einem Donnerstag im Juli eine weitreichende Entscheidung. Draghi spricht an diesem Tag auf einer Konferenz mit wichtigen Investoren in London. Notenbanker absolvieren viele solcher Termine. In der Regel reden sie dann lange und sagen nichts. Anders Draghi. Nach seiner Rede ist nichts mehr so, wie es vorher war. Die EZB, so Draghi, werde innerhalb ihres Mandats alles tun, um den Euro zu erhalten. »Und glauben Sie mir, es wird genug sein«, fügt er an. Die Nachrichtenagenturen verbreiten die Botschaft in Windeseile in der ganzen Welt. Von nun an wissen die Anleger, dass sie auf die Europäische Zentralbank zählen können.

Draghi pokert hoch. Sein Vorstoß ist nicht abgesprochen. Die entscheidenden Sätze stehen nicht einmal in seinem Manuskript. Er hat sie handschriftlich hinzugefügt. Die kommenden Tage verbringt er damit, seine Kollegen im Rat der Notenbank zu überzeugen. Vor allem Bundesbankpräsident Jens Weidmann stellt sich quer. Aber die Zustimmung von Bundesfinanzminister Wolfgang Schäuble holt sich Draghi ein. In der entscheidenden Sitzung des Zentralbankrats stimmen bis auf Weidmann alle für Draghis Plan. Der sieht vor, den Banken unbegrenzt Staatsanleihen der Krisenstaaten aufzukaufen, wenn die Kapitalflucht eskaliert. Solche Käufe wirken sich unmittelbar auf das Zinsniveau in den betroffenen Ländern aus, denn wenn die EZB den Banken wie im Fall der »Dicken

Bertha« Geld leiht, ist es die Entscheidung der Banken, ob sie mit Hilfe dieses Geldes Staatsanleihen kaufen, Kredite an Unternehmen vergeben oder es einfach nur herumliegen lassen. Wenn die Notenbank den Banken aber bereits ausgegebene Anleihen abkauft, wird es für die Staaten leichter, neue Anleihen zu plazieren. Die Regierungen müssen dann den Investoren weniger Zinsen bieten, und weil sich viele Zinssätze in der Wirtschaft – die Zinsen auf Baugeld beispielsweise – an den Zinsen für Staatsanleihen orientieren, kommen indirekt auch Unternehmen und Haushalte leichter an Geld.

Dieses Vorgehen ist juristisch nicht unproblematisch. Die europäischen Verträge verbieten es der EZB, Staaten direkt zu finanzieren. Rein formal verstößt die Notenbank also nicht gegen diesen Vertrag. Faktisch aber erleichtert sie einzelnen Krisenländern natürlich die Kreditaufnahme. Zwar hat jede geldpolitische Aktion, auch eine reguläre Zinssenkung, Folgen für die Finanzierungskosten der Staaten im Währungsraum. Durch die Anleihekäufe aber wird das Zinsniveau für einzelne Mitgliedsländer beeinflusst, und das war so eigentlich nicht vorgesehen.

Das bedeutet allerdings noch lange nicht, dass sie den Weg der Weimarer Reichsbank beschreitet. So wurde der Löwenanteil der Hilfen über Kredite mit eine festen Laufzeit ausbezahlt, die Notenbank hat bislang nur in sehr begrenztem Umfang Anleihen gekauft. Es ist auch gar nicht das Ziel der EZB, staatliche Ausgabenprogramme zu finanzieren. Sie will vielmehr vor allem den Finanzmärkten die Grenzen aufzeigen, die in Südeuropa eine sich selbst verstärkende Abwärtsspirale in Gang zu setzen drohten. Denn wenn sich die Investoren zurückziehen, kommen Unternehmen, Haushalte und die öffentliche Hand immer schwerer an Geld. Damit bricht die Wirtschaft ein, und es ergreifen mehr Anleger die Flucht. Das wiederum belastet die Konjunktur noch stärker, und am Ende folgt die Staatspleite.

Auf diese Weise drohten auch Länder in den Ruin getrieben zu werden, die eigentlich ohne Hilfe auskommen. Beispiel Italien: Die italienischen Staatsschulden übersteigen die gesamte jährliche Wirtschaftsleistung des Landes. Tragfähig sind derart hohe Schulden nur, wenn die Zinsen nicht zu hoch sind, denn jeder zusätzliche Prozentpunkt an Zinskosten ist eine enorme Belastung für den Staatshaushalt.

Andere dagegen profitierten von der Geldflucht. Einen großen Teil des aus dem Süden abgezogenen Kapitals brachten die Investoren nach Deutschland – mit der Folge, dass die Bundesregierung kaum noch Zinsen bezahlen musste, wenn sie sich frisches Geld borgte. Den Investoren war die Sicherheit, die Bundesanleihen bieten, sogar so wichtig, dass sie sich mit Zinszahlungen zufrieden gaben, die deutlich unter der Inflationsrate lagen. Deutschland hat dadurch Milliarden gespart.

Die Panik an den Finanzmärkten trieb die Zinsen im Süden also auf immer neue Höchststände und drückte sie im Norden immer weiter nach unten. Diesen Irrsinn wollte die Notenbank beenden. Anders gesagt: Während die Reichsbank in den frühen zwanziger

Jahren die Finanzierungskosten auf ein zu niedriges Niveau drückte, senkt die EZB Finanzierungskosten auf ein normales Niveau.

An dieser Stelle ist ein kurzer Ausflug in die ökonomische Theorie nötig. Eine der wichtigsten Funktionen von Märkten ist es, durch den Ausgleich von Angebot und Nachfrage Preise zu bilden. Für Getreide, für Öl oder für Computer: Preise spielen in einer Marktwirtschaft eine zentrale Rolle, weil sie darüber entscheiden, wohin die stets knappen Ressourcen gelenkt werden. Lange Zeit gingen die Ökonomen davon aus, dass der Preis, der sich an den Märkten herausbildet, immer der angemessene Preis ist. Er spiegelt also die Bedürfnisse und Knappheitsverhältnisse wider. Heute weiß man, dass insbesondere die Preise an den Finanzmärkten hochgradig anfällig für Stimmungen und Launen sind. Häufig verhalten sich die Investoren wie die Schafe in einer Herde: Wenn einer rennt, rennen alle. Ganz egal, ob wirklich Gefahr droht.

Auch der Zins ist ein Preis: der Preis des Geldes. Wenn die Märkte perfekt funktionieren, sollte sich also von selbst ein angemessenes Zinsniveau für jedes Land einstellen. Wenn Länder höhere Zinsen bezahlen, dann liegt das eben daran, dass sie schlechter wirtschaften – und wenn sie in den Genuss niedrigerer Zinsen kommen wollen, müssen sie ihre Wirtschaft in Ordnung bringen. Die Kapitalmärkte wären, um mit den Worten des früheren Deutsche-Bank-Chefs Rolf E. Breuer zu sprechen, so etwas wie die »fünfte Gewalt«, die die Politik diszipliniert und auf den rechten Weg zurückbringt. Eine Intervention der

Notenbank käme also einer Manipulation der Preise gleich und würde diesen Anreizmechanismus zerstören.

Wenn die Märkte aber auch von bloßen Stimmungen getrieben werden, dann sieht die Welt ganz anders aus. Denn dann sind hohe Zinsen womöglich nicht das Ergebnis einer rationalen Analyse der politischen und ökonomischen Gegebenheiten. Stattdessen kommen sie zustande, weil eine kollektive Angstattacke zu Panikverkäufen führt. In diesem Fall kann die Intervention der Notenbank dazu beitragen, dass die Panik abebbt und sich der richtige Preis herausbildet. Genau dieser Logik folgt die Politik der EZB, die zu dem Schluss gekommen ist, dass die tatsächlich von Italien oder Spanien zu zahlenden Zinsen nichts mehr mit der wirtschaftlichen Realität in diesen Ländern zu tun haben.

Ökonomen sprechen in solchen Fällen von »multiplen Gleichgewichten«. Das klingt kompliziert, ist aber eigentlich ganz einfach. Es gibt Länder, die so hoch verschuldet sind, dass sich eine Pleite nicht mehr abwenden lässt. Es gibt auch Länder, deren Schulden so niedrig sind, dass sie ihre Verbindlichkeiten praktisch immer bedienen können. Es gibt aber eine ganze Reihe von Ländern, die irgendwo zwischen diesen Polen angesiedelt sind. Ob sie zahlungsfähig sind, hängt vom Zinsniveau ab, das in diesen Ländern herrscht. Wenn nun die Märkte die Zinsen nach oben treiben, ist ein solches Land bankrott. Das »schlechte« Gleichgewicht stellt sich ein. Wenn die Zinsen dagegen niedrig bleiben, kann die Pleite vermieden werden. Das »gute« Gleichgewicht wird erreicht. Der entscheidende Punkt ist: Nicht die wirtschaftliche Lage in den jeweiligen Ländern, sondern die Stimmung an den Finanzmärkten bestimmt, welches der beiden Gleichgewichte erreicht wird.

Man kann die Politik der EZB also als den Versuch interpretieren, ein »gutes« Gleichgewicht herbeizuführen. Das ist kein Ersatz für schmerzhafte Reformen, das hat auch niemand behauptet. Und überdies wird in Europa auch reformiert, obwohl das in Deutschland kaum jemand mitbekommt. Die Unternehmen in Spanien, in Irland und in Portugal haben ihre Kosten gesenkt und gewinnen international wieder an Wettbewerbsfähigkeit. Diese Reformen wirken allerdings erst langfristig, kurzfristig belasten sie sogar die Konjunktur. Die EZB verschafft den Krisenländern die Zeit, die ihnen die nervösen Märkte nicht geben wollen. Darum geht es, nicht um mehr Inflation.

Die Aktionen der EZB in der Krise machen deutlich, dass die Rolle der Notenbanken darüber hinausgeht, durch die Wahl des Leitzinses das Preisniveau zu stabilisieren. Ihre Aufgabe ist es auch, in Krisensituationen dafür zu sorgen, dass die Panik an den Finanzmärkten nicht überhandnimmt. Die Idee geht auf Walter Bagehot (1826 bis 1877) zurück, einen britischen Ökonomen und Herausgeber der heute noch publizierten Zeitschrift »The Economist«. Demnach fungiert die Notenbank als Kreditgeber der letzten Instanz – sie springt ein, wenn sonst niemand mehr Kredite vergeben will. Damit verhindert sie, dass Banken und Staaten kollabieren, nur weil nervöse Investoren ihre Gelder abziehen und die Krise eskaliert. Wenn sich die Lage normalisiert hat und die privaten Geldgeber sich wieder aus der Deckung wagen, kann sich die Notenbank zurückziehen.

Das ist natürlich mit Nebenwirkungen verbunden. Denn wenn die Banken damit rechnen können, dass im Notfall die Notenbank aushilft, werden sie möglicherweise mehr Risiken eingehen. Und noch aus einem anderen Grund ist Draghis Kurs nicht ungefährlich. Wenn die EZB die Anleihen der Krisenstaaten kauft oder an Banken Geld verleiht, übernimmt sie die damit verbundenen Kreditrisiken. Werden die Anleihen nicht mehr bedient, muss die Notenbank die Verluste tragen. Weil die Bundesbank der größte Anteilseigner der EZB ist, stehen auch die deutschen Steuerzahler im Risiko. Im Fall eines Zahlungsausfalls haften sie für rund ein Drittel aller Verluste. Zwar muss eine Notenbank anders als eine Geschäftsbank ihre Verluste nicht sofort ausweisen. Sie muss deshalb auch nicht gleich Konkurs anmelden, wenn sie Geld verliert. Aber in der Regel erwirtschaften Zentralbanken mit ihren Geldgeschäften Gewinne, die an die Finanzministerien überwiesen werden. Wenn die EZB auf ihre Anleihebestände Abschreibungen vornehmen müsste, würden die Bundesbank und andere nationale Notenbanken weniger Gewinne ausschütten.

Man kann nun lange darüber diskutieren, ob die Notenbank so mit Steuergeldern umgehen darf. Dafür spricht, dass auch Nichthandeln mit Kosten verbunden ist und ein Zusammenbruch der Währungsunion für die Deutschen wohl erheblich teurer wäre. Außerdem verlangt die Notenbank für ihre Geldgeschäfte mit Banken Sicherheiten, die einen gewissen Schutz bei einem Zahlungsausfall bieten. Dagegen spricht, dass sie dazu eigentlich nicht ausreichend demokratisch legitimiert ist, denn Entscheidungen mit einer solchen Tragweite sollten eigentlich durch die Parlamente getroffen werden. Und wenn die Währungsunion wirklich auseinanderfallen würde, wären auch die Sicherheiten wohl nicht mehr viel wert. Der entscheidende Punkt ist: Diese Debatte ist im Kern eine demokratietheoretische – mit Inflation hat sie nichts zu tun!

Die Krise hat die Notenbanken der westlichen Welt dazu gezwungen, Dinge zu tun, die noch vor kurzem als undenkbar galten. Das ist mit Risiken verbunden, vor allem wenn das billige Geld dazu führt, dass die Politik wichtige Reformen verschleppt und schwierige Entscheidungen verzögert. Doch außergewöhnliche Situationen erfordern außergewöhnliche Maßnahmen. Ohne die Interventionen der Zentralbanken wären die sozialen Kosten der Krise noch viel höher, weil die Wirtschaftsleistung noch stärker eingebrochen wäre. In den zwanziger Jahren sollte das billige Geld in Deutschland den Wohlstandsverlust nach dem verlorenen Ersten Weltkrieg kaschieren, heute erleichtert es die Anpassung an die neuen ökonomischen Realitäten nach der Krise. Das ist ein entscheidender Unterschied.

Wie viel Inflation brauchen wir?

Im Februar 2012 veröffentlicht der Internationale Währungsfonds (IWF) in Washington ein Thesenpapier, das sich in Windeseile um die ganze Welt verbreitet. Der Chefökonom des IWF berichtet darin über seine Lehren aus der Krise – und stellt ein verwegene Frage: Ist die Inflation möglicherweise zu niedrig? Das Papier löste vor allem in Deutschland einen Sturm der Entrüstung aus – aber es hat eine wichtige Debatte angestoßen. Denn beim Thema Inflation gilt: Weniger ist keinesfalls immer besser.

Dabei galt der Sieg über die Inflation in den achtziger Jahren als bedeutende makroökonomische Errungenschaft. Damals schafften es die Zentralbanken mit vereinten Kräften, die nach der Ölkrise kräftig gestiegenen Teuerungsraten wieder auf normale Niveaus zu drücken. Die Zeit danach nannten Ökonomen die »Große Moderation« – eine Phase mit niedrigen Inflationsraten und geringen zyklischen Schwankungen der Wirtschaftsleistung. Man wähnte sich in einem goldenen Zeitalter.

Dann begann in den USA die große Krise, und es stellte sich heraus, dass sich in den Jahren vermeintlicher Stabilität tief im Inneren des Finanzsystems Kreditblasen herausgebildet hatten, die schließlich die gesamte Weltwirtschaft an den Rand des Abgrunds brachten. Regierungen und Notenbanken waren so auf die Inflation fixiert, dass sie die viel gefährlicheren spekulativen Übertreibungen nicht bemerkten. Noch im Jahr 2005 leugnete die EZB die Gefahr, die von den wirtschaftlichen Ungleichgewichten im Euro-Raum ausging, dabei zeichnete sich damals schon ab, dass die Entwicklung nicht nachhaltig war. Heute weiß man: Geldwertstabilität ist ein wichtiges Ziel der Wirtschaftspolitik, aber nicht das einzige und vielleicht sogar nicht einmal das allerwichtigste.

Warum teuer manchmal gut ist

Wir sind daran gewöhnt, über steigende Preise zu klagen. Das liegt ja auch nahe: Jeder ärgert sich, wenn der Liter Milch auf einmal mehr kostet. Allerdings werden zumeist nur die unangenehmen Folgen der Inflation diskutiert, ihre weniger unangenehmen Ursachen dagegen nicht. Wir erinnern uns: Die Preise steigen, wenn eine hohe Nachfrage auf ein begrenztes Angebot stößt und die Löhne steigen. Das bedeutet aber, dass die Inflation eine Begleiterscheinung einer dynamischen Wirtschaft mit gesunden Einkommenszuwächsen sein kann! Wenn im Supermarkt die Milch teurer wird, dann haben wir in der Regel auch mehr Geld in der Tasche. So war es in den Wirtschaftswunderjahren. Damals war zwar die Inflation höher, aber auch die Löhne stiegen schneller, und im Ergebnis nahm die Kaufkraft der Arbeitnehmer zu.

Es kommt also zumindest aus Sicht der Verbraucher nicht auf die Inflation alleine an, sondern auf das Verhältnis von Preissteigerung und Lohnsteigerung. Wenn die Einkommen jedes Jahr um ein Prozent zulegen und die Güterpreise auch, dann ist das genauso gut oder schlecht, wie wenn beide um drei Prozent steigen (zumindest solange auch die Zinsen auf Spareinlagen mit der Inflation Schritt halten, dazu später mehr). Das bedeutet nun nicht, dass die Höhe des Inflationsziels keine Rolle spielen würde. Denn wenn das Ziel zu hoch ist, verlieren die Menschen den Glauben an die Stabilität des Geldes. Sie flüchten in Sachwerte und bringen den Wirtschaftsablauf durcheinander.

Aber auch ein zu niedriges Inflationsziel ist problematisch. Denn dann kann die Zentralbank die Wirtschaft nicht mehr ausreichend stimulieren. Das liegt daran, dass Notenbanken die Zinsen nicht so einfach unter null senken können. Bei negativen Zinsen müsste der Wert des bei den Banken deponierten Geldes sich ständig vermindern. In der Folge würden die Menschen ihre Ersparnisse einfach unter die Matratze legen. Wenn es nun keine Inflation gibt, dann kann auch der reale Zins – also der Zins abzüglich der Teuerungsrate – nicht unter null fallen. Dieser reale Zins ist entscheidend für die stimulierende Wirkung der Geldpolitik. Je höher die Inflation, desto stärker rutscht der Realzins in den negativen Bereich. Ein nominales Zinsniveau von einem Prozent ergibt bei einer Inflation von einem Prozent einen Realzins von null, bei einer Inflation von vier Prozent aber einen Realzins von minus drei. In schweren Krisen kann aber die Nachfrage so stark einbrechen, dass negative Realzinsen nötig sind, um die Wirtschaft wieder in Fahrt zu bringen. Wenn Politiker ankündigen, die Inflation komplett zu eliminieren, dann ist das eher eine Drohung als ein Versprechen.

Welches Inflationsziel sollte die Notenbank also ansteuern? Eine Reihe von ökonomischen Untersuchungen kommen zu dem Ergebnis, dass es aus wirtschaftlichen Gesichtspunkten keinen großen Unterschied macht, ob die Inflationsrate nun bei zwei Prozent, bei vier Prozent oder sogar bei fünf Prozent liegt. Das spricht dafür, dass die Notenbanken eine gewisse Inflation tolerieren. Selbst die strenge Bundesbank hat nie versucht, die Inflation komplett zu eliminieren. Die Europäische Zentralbank peilt heute eine Teuerungsrate von knapp unter zwei Prozent an, andere Notenbanken im Rest der Welt halten es ähnlich. Wenn sich die Inflationsprognose der Bundesbank von eineinhalb Prozent für die kommenden Jahre bewahrheitet, dann ist die Teuerung also nicht zu hoch, sondern eher zu niedrig!

Eine wichtige Erkenntnis der modernen Wirtschaftstheorie ist es zudem, dass es auf die tatsächliche Inflation nicht in erster Linie ankommt. Was zählt, ist, mit welchen Inflationsraten die Wirtschaftsakteure in der Zukunft rechnen. Gefährlich wird es zum Beispiel, wenn die Arbeitnehmer davon ausgehen, dass die Teuerung dauerhaft anzieht. Dann setzen sie als Kompensation für den erwarteten Kaufkraftverlust höhere Löhne durch, was wiederum für die Unternehmen mit zusätzlichen Kosten verbunden ist. Sie heben die Preise an, worauf die Arbeitnehmer noch einmal einen Schluck aus der Pulle fordern. Es droht eine Spirale aus steigenden Preisen und höheren Löhnen.

Während der Ölkrisen der siebziger Jahre ist genau das passiert. In vielen Staaten des Westens trat das Phänomen der Stagflation auf – eine Kombination aus niedrigem Wachstum und hohen Teuerungsraten. Die nach Jahren der Vollbeschäftigung in den sechziger Jahren gestärkten Gewerkschaften wollten nicht akzeptieren, dass den von ihnen vertretenen Arbeitnehmern weniger Geld für den Kauf anderer Dinge bleibt, weil sie mehr Geld für Benzin und Heizöl ausgeben mussten. Die Folge waren Tarifabschlüsse mit übermäßigen Lohnsteigerungen. Weltweit stiegen die Inflationsraten, wobei Deutschland noch relativ glimpflich davonkam.

Das Zeitalter der Inflation beendete ein Zwei-Meter-Mann, der in seiner Freizeit gerne Fliegenfischen geht. Paul Volcker. Volcker wurde 1979 vom damaligen amerikanischen Präsidenten Jimmy Carter zum Chef der amerikanischen Notenbank bestellt. Er jagte die Zinsen nach oben und bekam die Inflationserwartungen damit wieder unter Kontrolle. Der Preis dafür aber war eine der schlimmsten Rezessionen in der amerikanischen Nachkriegsgeschichte. Die Zentralbanken haben daraus die Lehre gezogen, dass es äußerst gefährlich ist, wenn die Inflationserwartungen außer Kontrolle geraten. Denn dann ist eine massive Zinserhöhung nötig, um die Erwartungen wieder zu verankern. Deshalb legen die Notenbanken viel Wert darauf, dass es gar nicht erst so weit kommt und die Wirtschaftsakteure daran glauben, dass die Preise auch in Zukunft stabil bleiben.

Solange das der Fall ist, ist es auch nicht so tragisch, wenn die Inflationsraten für einen begrenzten Zeitraum über den Zielwert der Notenbank steigen. Es wäre unklug, diesen Spielraum nicht zu nutzen. Denn wenn die Zentralbanken die Inflation drücken wollen, dann müssen sie das Wirtschaftswachstum drosseln – auch wenn sie nicht so weit gehen müssen wie Paul Volcker. Nur dann steigen wegen der zunehmenden Arbeitslosigkeit die Löhne weniger schnell, und es schwindet der Preisdruck. Als die Inflationsrate im Jahr 2008 wegen eines starken Anstieges der Preise für Energie und Nahrungsmittel auf über drei Prozent kletterte, wurde in Deutschland die Forderung nach kräftigen Zinserhöhungen der EZB laut. Glücklicherweise hat die Notenbank darauf nicht reagiert. Die Inflationsrate fiel kurz darauf von selbst wieder. Es ist derzeit viel von den negativen sozialen Folgen einer Inflation die Rede. Eine schwache Konjunktur und eine damit einhergehende hohe Arbeitslosigkeit haben auch negative soziale Folgen – und womöglich wären sie sogar schwerwiegender.

Ohne Inflation kein Euro

Die Sehnsucht nach stabilen Preisen kann also höchst gefährlich werden. Das trifft vor allem innerhalb der europäischen Währungsunion zu. Die tiefere Ursache der Krise ist ein Auseinanderdriften der Lohnkosten und damit auch der Inflationsraten infolge der uneinheitlichen Wirtschaftsentwicklung in den ersten Jahren nach der Einführung des Euro. Es waren die Zeiten, in denen Deutschland als der »kranke Mann Europas« bezeichnet wurde und Spanien als Vorbild galt. In den Ländern des Südens stiegen die Gehälter damals jahrelang kräftig, in Deutschland stiegen sie kaum. Damit wurden südeuropäische Produkte im Ausland immer teurer und deutsche immer billiger. Zudem konnten die Südeuropäer dank der kräftigen Lohnsteigerungen immer mehr, die Deutschen immer weniger Geld ausgeben. Beides zusammen führte dazu, dass die Deutschen mehr Waren nach Südeuropa exportierten und die Südeuropäer kaum noch Güter in Deutschland verkaufen konnten.

Das Missverhältnis manifestiert sich in den Handelsbilanzen. Im Jahr 2008 wies Deutschland einen Überschuss von 7,3 Prozent des Bruttoinlandsprodukts aus, Portugal dagegen ein Defizit von 12,9 Prozent der Wirtschaftsleistung. Die Deutschen exportierten also viel mehr, als sie importierten, bei den Portugiesen war es genau andersherum. So etwas lässt sich nicht lange durchhalten. Denn ein Land, das mehr Waren aus dem Rest der Welt einkauft, als es in andere Länder verkauft, verschuldet sich im Ausland. In

Im Norden zu billig, im Süden zu teuer
Lohnstückkosten, 2000≙100

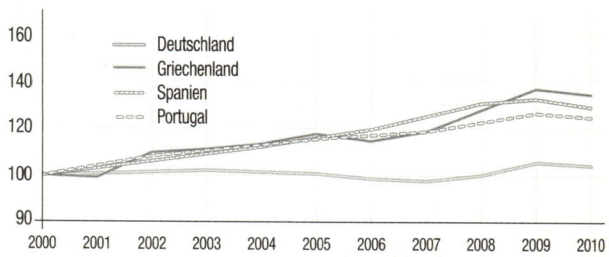

Quelle: EU-Kommission, eigene Berechnungen

Portugal beliefen sich die Auslandsverbindlichkeiten zeitweise auf 186 Milliarden Euro – das entspricht in etwa der gesamten jährlichen Wirtschaftsleistung. Die Defizite in der Außenhandelsbilanz sind also eine wesentliche Ursache der Schuldenkrise in den Staaten Südeuropas.

Aber auch ein Überschuss im Außenhandel, wie ihn Deutschland erwirtschaftet, hat Nachteile. Wenn die Handelsbilanz ausgeglichen ist, wird jede Ausfuhr mit einer Einfuhr vergolten. Deutschland liefert beispielsweise einen Kleinwagen nach Griechenland und erhält dafür 1000 Liter Wein. Wenn ein Land nun permanent mehr Waren an das Ausland verkauft, als es von dort bezieht, verzichtet es auf Konsum und finanziert stattdessen den Konsum anderer. Der Wagen wird geliefert, aber der Wein nicht getrunken. Stattdessen erhält die Exportnation als Ausgleich eine finanzielle Forderung gegenüber dem importierenden Land – sie baut also Auslandsvermögen auf. Man kann sich das wie ein Sparkonto im Ausland vorstellen, das durch die Exportüberschüsse gefüllt wird. Das Vermögen auf diesem Konto ist gewissermaßen die Kehrseite der steigenden Schulden in den Importländern. In unserem Beispiel: Deutschland liefert den Kleinwagen und bekommt dafür griechische Staatsanleihen.

Das geht so lange gut, wie diese Forderungen auch bedient werden. Doch wenn die Verschuldung aus dem Ruder läuft und die Zahlungen eingestellt werden, ist das Vermögen weg. Im Fall Griechenland ist genau das passiert: Deutschland hat jahrelang Autos und Maschinen geliefert und dafür Staatsanleihen und andere Wertpapiere erhalten. Als den Griechen im Frühjahr 2011 ein Teil ihrer Schuld erlassen wurde, hatten die deutschen Anleger das Nachsehen. Zugespitzt formuliert, könnte man sagen, dass Deutschland seine Waren verschenkt hat. Das Auslandsvermögen war ein Scheinvermögen. Es ist deshalb merkwürdig, dass die hohen Exportüberschüsse hierzulande als Zeichen der Stärke gefeiert werden.

Das bedeutet nun nicht, dass die Handelsbilanz immer völlig ausgeglichen sein muss. Aber übermäßige Überschüsse sind genauso gefährlich wie übermäßige Defizite. Es ist nicht unbedingt immer von Vorteil, auf Konsum zu verzichten, um die Wettbewerbsfähigkeit zu steigern. Das gilt umso mehr, als Wettbewerbsfähigkeit ein relatives Konzept ist. Wenn alle Länder ihre Löhne um zehn Prozent kürzen, hat niemand einen Vorteil, aber alle sind ärmer. Man kann das mit einer Situation in einem Fußballstadion vergleichen. Wenn einer aufsteht, sieht er mehr. Wenn alle aufstehen, sieht keiner mehr als vorher, dafür müssen jetzt alle stehen.

Deutschlands Wirtschaftspolitiker waren sich dieser Zusammenhänge auch lange bewusst. Hohe Überschüsse wie in den vergangenen Jahren sind in der Geschichte der Bundesrepublik eher die Ausnahme. Das Plus in der Handelsbilanz stieg selten über vier Prozent der Wirtschaftsleistung – die Deutschen waren zwar schon immer stark bei der Warenausfuhr, aber früher wurde zugleich mehr konsumiert. In den vergangenen Jahren hat der Export in der deutschen Wirtschaftspolitik einen Stellenwert erhalten, der ihm in der längsten Zeit der bundesrepublikanischen Wirtschaftsgeschichte überhaupt nicht zukam.

Früher war alles besser
Deutscher Handelsbilanzsaldo in Prozent der Wirtschaftsleistung

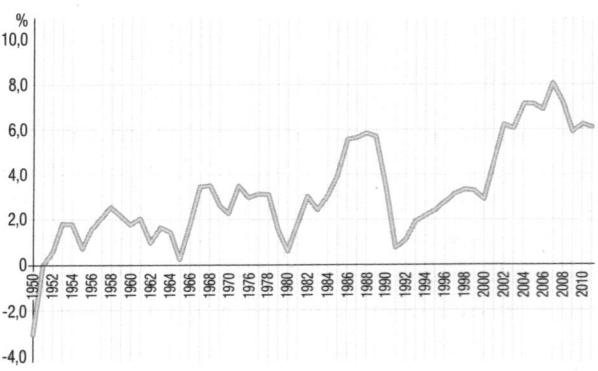

Quelle: Destatis, eigene Berechnungen

Keine Frage: Um die Ungleichgewichte in der Währungsunion zu bekämpfen, müssen zuerst die Länder des Südens Lohnzurückhaltung üben. Damit könnten ihre Unternehmen international wieder mithalten, und die Exporte stiegen. Und weil zugleich weniger Geld für den Kauf ausländischer Waren zur Verfügung steht, fallen die Importe. Der Süden ist auf dem Weg zu einer wettbewerbsfähigeren Kostenstruktur ein ganzes Stück vorangekommen. Seit Ausbruch der Krise haben die Krisenländer etwa die Hälfte der übermäßigen Lohnzuwächse aus den Boomjahren korrigiert. Dadurch werden sie an den Weltmärkten wieder zu einer ernstzunehmenden Konkurrenz und können ihre Ausfuhren steigern. Selbst Griechenland macht Fortschritte. Allein im Jahr 2012 sanken die Lohnstückkosten, also die Kosten je Produkteinheit, nach Schätzungen der Europäischen Kommission um fast zehn Prozent.

Es wäre aber unfair – und wahrscheinlich angesichts der Dimension der Lohnkürzungen, die dafür nötig wären, auch nicht praktikabel –, dem Süden die Anpassungslast alleine aufzubürden. Die griechischen Defizite und die deutschen Überschüsse sind schließlich zwei Seiten einer Medaille. Deshalb führt an höheren Löhnen in Deutschland kein Weg vorbei, damit die Bundesbürger sich die Waren aus dem Ausland auch leisten können. Deutsche Produkte würden im Vergleich mit den Waren anderer Länder teurer werden, und die deutsche Wirtschaft würde verstärkt auf binnenwirtschaftlichen Pfeilern ruhen.

Steigende Löhne aber gehen einher mit einer höheren Teuerungsrate. Und deshalb ist es für das Funktionieren der Währungsunion essenziell, dass die Deutschen mehr Inflation akzeptieren. Im Moment peilt die EZB eine durchschnittliche Inflationsrate im Euro-Raum von zwei Prozent an. Für einige Zeit müssen die Preise in den Krisenstaaten um weniger als zwei Prozent steigen – und die Preise in Deutschland um mehr als zwei Prozent. Das sieht sogar die strenge Bundesbank so. In einer Stellungnahme für den Finanzausschuss des Bundestags aus dem Jahr 2011 heißt es, Deutschland werde »künftig in der EWU (Europäische Währungsunion) eher überdurchschnittliche Inflationsraten aufweisen«. Andernfalls werden immer neue Rettungs-

schirme aufgespannt werden müssen, weil die Krisenländer nie auf eigenen Beinen stehen können.

Eine der Hauptursachen der Krise ist es also, dass die
Teuerungsrate über Jahre hinweg in Südeuropa zu
hoch und in Deutschland zu niedrig war. Die durchschnittliche Inflation in der Eurozone bewegte sich
zwar zumeist in etwa auf dem von der Europäischen
Zentralbank erwünschten Niveau. Doch das lag daran, dass die Preise in einigen Ländern sehr schnell
stiegen und in anderen so gut wie gar nicht. Wenn
man an einem Fuß friert und am anderen schwitzt, ist
die durchschnittliche Fußtemperatur vielleicht genau
richtig – trotzdem würde wohl jeder zustimmen, dass
die Situation nicht optimal ist.

Es war der Grundfehler der Währungsunion zu glauben, es reiche aus, Regeln für die Staatsfinanzen auf-
zustellen, wie das im Stabilitäts- und Wachstumspakt
geschehen ist, der dann noch nicht einmal eingehalten
wurde. Ein stabiles Fundament wird der Euro erst erhalten, wenn es gelingt, die Wirtschaftspolitik so ab-
zustimmen, dass sich die Preise und Löhne unter den
Mitgliedsstaaten nicht mehr auseinanderentwickeln.
Dabei sind die Tarifpartner ebenso gefordert wie der
Staat, der den gesetzlichen Rahmen für die Wirtschaft
setzt und im öffentlichen Dienst selbst als Arbeitgeber
auftritt. Wenn die Preise überall in Europa um zwei
Prozent gestiegen wären, wäre so manche teure Ret-
tungsmaßnahme nicht nötig gewesen. Eine Reform,
die alle Staaten der Währungsunion dazu verpflichtet,
das Inflationsziel der EZB einzuhalten und weder zu
überschreiten noch zu unterschreiten, würde wahr-

scheinlich sogar ausreichen, um künftige Krisen zu verhindern.

Wem die Inflation nützt und wem sie schadet

Carl-Ludwig Holtfrerich hat die große Inflation der zwanziger Jahre so genau studiert wie wenige andere. Sein Buch über die Geldschmelze der Weimarer Republik ist längst ein Standardwerk. Als er mit den Arbeiten beginnt, geht er davon aus, dass sie eine vermeintliche Gewissheit über die Inflation bestätigen würden: Sie enteignet die kleinen Leute und nützt den oberen Schichten. Diese Sichtweise ist bis heute verbreitet. Holtfrerichs Forschungen aber ergeben Verblüffendes: Nach der Inflation waren die Einkommen in Deutschland gleichmäßiger verteilt als vor dem Ersten Weltkrieg, stellt er fest. »Nicht die mittleren oder kleineren Einkommen und Vermögen waren durch die Inflation vernichtet worden, sondern die ganz großen«, lautet sein Fazit. Wie kann das sein?

Die These, wonach die Inflation vor allem die sozial Schwachen trifft, wird häufig damit begründet, dass sie mit ihrem Geld gerade so über die Runden kommen. Damit kommen sie natürlich in große Schwierigkeiten, wenn plötzlich alles teurer wird. Das stimmt aber nicht mehr, wenn mit den Preisen auch die Löhne steigen. Genau das passierte in den zwanziger Jahren. Die Arbeiterschaft konnte auf diese Weise ihre Kaufkraft weitgehend erhalten und ihren Anteil am Volkseinkommen sogar erhöhen. Auch die Wirkung einer Inflation auf Rentner und Empfänger von Sozialtransfers ist alles andere als eindeutig. Wenn die Renten und die Unterstützungsleistungen mit dem Preisanstieg Schritt halten – zum Beispiel weil sie an die Löhne gekoppelt sind –, dann muss ein Anstieg der Teuerung nicht unbedingt zu einem Verlust an Kaufkraft führen. Wenn Politiker also sagen, Rentner seien besonders von der Inflation betroffen, dann ist das nicht ganz ehrlich. Es kommt darauf an, ob die Regierung die Renten erhöht, wenn die Inflation steigt. Es gibt auch Bevölkerungsgruppen, die eindeutig von der Inflation profitieren. Dazu gehören die Schuldner, denn der Gegenwert ihrer Verbindlichkeiten sinkt. Das nützt nicht nur einem Staat, der zu viele Kredite aufgenommen hat. Durch die Hyperinflation konnten viele Bauern in agrarisch geprägten Regionen wie Bayern ihre Höfe entschulden.

Dagegen schadet der Preisanstieg den Vermögensbesitzern. Damit werden reichere Bevölkerungsgruppen tendenziell stärker belastet als ärmere, weil die Reichen in der Regel mehr gespart haben als die Armen. In der Weimarer Republik verloren insbesondere die großen Anleihebesitzer, deren Vermögen durch den Preisverfall aufgezehrt wurde. Aber auch das Bildungsbürgertum, das einen Großteil seiner Ersparnisse in Kriegsanleihen angelegt hatte, sah sich mit einem Vermögensverlust konfrontiert. Für den Historiker Hans-Ulrich Wehler ist das ein Grund dafür, dass die Inflation mit dem Untergang aller geordneten Verhältnisse gleichgesetzt wurde, obwohl viele Arbeiter das möglicherweise überhaupt nicht so empfunden haben. Denn die Meinungsmacher in den Redaktionen und an den Universitäten stammten aus jenen Bürgerfamilien.

Es kommt aber nicht nur auf die Höhe der Ersparnisse an, sondern auch darauf, wie diese angelegt sind. Der Gegenwert von bereits getätigten Anlagen mit einem festen Zinssatz sinkt, weil der Zinsgewinn nicht mehr groß genug ist, um den Kaufkraftverlust wettzumachen, und die Zinsen ja nicht angepasst werden. Das bedeutet, dass Staatsanleihen oder lang laufende Lebensversicherungen, die in solche Anleihen investieren, kaum Schutz vor Inflation bieten. Das gilt aber nicht unbedingt bei der Neuanlage von Geldern. Denn wenn die Preise stärker steigen, bieten potenzielle Schuldner in der Regel höhere Zinsen. Sie wissen, dass die Sparer ihr Geld nur hergeben, wenn sie einen Ausgleich für den Verlust an Kaufkraft bekommen. Durch diesen Effekt können auch Staatsanleihen bei steigenden Preisen wieder rentabel werden – allerdings nur, wenn der Zinsanstieg mit dem Preisanstieg Schritt hält, was nur schwer möglich ist, wenn sich die Preiserhöhung immer stärker beschleunigt. Dagegen behalten Aktien bei einer Inflation in der Regel ihren Wert, weil die Unternehmen ihre Preise anheben, wenn die Kosten steigen und deshalb die Gewinne – die maßgeblich für den Wert eines Unternehmens sind – unter der Inflation nicht leiden. Auch anderen Sachwerten wie Gold oder Immobilien kann die Inflation wenig anhaben.

All das bedeutet nicht, dass eine Hyperinflation als Mittel zur Lösung der wirtschaftspolitischen Probleme unserer Zeit zu empfehlen ist. Aber es ist bemerkenswert, dass die Inflation zum großen kollektiven Trauma der Deutschen und zum Symbol für die Erschütterung des Staatswesens werden konnte, obwohl sich die tatsächlichen Verlusterfahrungen für viele Familien in Grenzen hielten. Wenn Politiker oder Wirtschaftswissenschaftler schon bei den aktuell niedrigen Teuerungsraten vor einem Angriff auf die Bezieher niedriger Einkommen warnen und nach höheren Zinsen rufen, die zu einer höheren Arbeitslosigkeit führen würden, dann haben sie jedenfalls die Verteilungswirkungen der Inflation nicht verstanden – oder wollen sie nicht verstehen.

Ist die Krise zu Ende?

Mit Schulden kennen sie sich aus in Newport Beach im US-Bundesstaat Kalifornien. Die Kleinstadt an der Pazifikküste ist der Sitz der Investmentgesellschaft PIMCO, eines Tochterunternehmens des deutschen Versicherungsriesen Allianz. Fast 2000 Milliarden Dollar haben die Amerikaner für ihre Kunden an den internationalen Finanzmärkten angelegt – und ein großer Teil davon steckt in Staatsanleihen. Die Anlageexperten bei PIMCO haben griechische Staatsanleihen verkauft, als viele die Krise noch nicht kommen sahen. Und im Jahr 2012 haben sie damit begonnen, spanische und italienische Staatsanleihen zu kaufen. In Newport Beach glaubt man wieder an Europa.

Tatsächlich ist der Staatengemeinschaft dank des beherzten Eingriffs der Europäischen Zentralbank ein entscheidender Schlag gegen die Krise gelungen. An den Finanzmärkten weiß nun jeder, dass die EZB im Ernstfall bereitsteht und ihre potenziell unendlichen Ressourcen nutzen wird, um den Euro zu verteidigen. Dadurch ist es gelungen, die Panik an den Finanzmärkten zu beenden. Die Investoren analysieren nun wieder nüchtern Chancen und Risiken eines Engagements in Europa, statt den Kontinent pauschal zu meiden. Sie sind bereit, die europäischen Staaten zu finanzieren, wenn sie glauben, es rechne sich. Dadurch hat sich die Gefahr verringert, dass eine sich selbst verstärkende Abwärtsspirale aus steigenden Zinsen und höheren Schulden die Währungsunion sprengt. Das ist eine notwendige, aber noch keine hinreichende Bedingung für die Überwindung der Krise. Gerettet ist der Euro erst, wenn sich die Unterschiede in der Wettbewerbsfähigkeit zwischen den einzelnen Mitgliedsländern verringert haben, das Wachstum in Europa wieder anzieht und die Schulden sinken. Bis dahin besteht immer die Gefahr, dass die Bevölkerung angesichts der hohen Arbeitslosigkeit und der sinkenden Einkommen rebelliert. Und wenn einem Land die politische Destabilisierung droht, werden auch die Finanzmärkte schnell panisch. Bei der Verbesserung der Wettbewerbsfähigkeit wurden wichtige Fortschritte erzielt, es bleibt aber, wie bereits gezeigt wurde, noch einiges zu tun – und zwar im Norden wie im Süden. Beim Thema Wachstum und Schulden ist noch fast nichts geschehen.

Ohne Schulden geht es nicht

Es gibt auf der Erde kaum einen Staat ohne Schulden. Nicht nur die Krisenländer Südeuropas schleppen Verbindlichkeiten in Milliardenhöhe mit sich herum – auch reichere Nationen leihen sich Geld. Die Schulden des Ölstaates Norwegen beliefen sich im vergangenen Jahr auf knapp 50 Prozent der jährlichen Wirtschaftsleistung. Und selbst Saudi-Arabien steht bei seinen Gläubigern mit rund fünf Prozent des Bruttoinlandsprodukts in der Kreide. Warum das so ist, wird deutlich, wenn man sich vor Augen führt, woher Staaten das Geld nehmen, das sie für die Finanzierung ihrer Ausgaben für die Infrastruktur oder die Bildung benötigen: Sie können Steuern und Abgaben erheben oder Schulden aufnehmen. Andere Möglichkeiten existieren nicht. Es gibt nun gute Gründe dafür, einen Teil der Aufwendungen über Schulden zu finanzieren. Staaten geben in der Regel viel Geld für Investitionen aus. Sie bauen Straßen und Schulen, Brücken und Universitäten. Von diesen Investitionen profitieren auch künftige Generationen. Weil sie sich besser im Land bewegen können oder weil sie besser ausgebildet sind. Da ist es nur recht und billig, wenn sie auch einen Teil der Lasten übernehmen. Genau das geschieht, wenn sich der Staat verschuldet. Er beteiligt künftige Generationen an den Kosten einer Investition, denn diese Generationen müssen die Schulden abtragen.

Es gibt aber noch einen anderen Grund dafür, dass praktisch alle Staaten verschuldet sind: Menschen sind sterblich, deshalb werden die Banken zögern, wenn Privatleute im fortgeschrittenen Alter Kredite beantragen. Sie können sich schließlich nicht darauf verlassen, dass diese Kredite zurückbezahlt werden. Staaten hören nie auf zu existieren. Das bedeutet, dass sie ihre Schulden auch nicht komplett tilgen müssen. Sie können auslaufende Kredite durch neue ersetzen. Das lässt sich eindrucksvoll am Beispiel der USA zeigen. Die Aufzeichnungen des Finanzministeriums reichen bis in das Jahr 1790 zurück. In all den Jahren war das Land praktisch nie schuldenfrei.

Es kommt also nicht darauf an, die Schulden zurückzuzahlen – sondern sie auf ein erträgliches Niveau zurückzuführen. Wo dieses Niveau liegt, lässt sich mit den Mitteln der Ökonomie nicht eindeutig bestimmen. Ableiten lassen sich aus ökonomischen Modellen nur grobe Empfehlungen. So sollten die Zinsausgaben dem Staat genug Spielraum lassen für seine eigentlichen Aufgaben. Deutschland steht in dieser Beziehung – unter anderem wegen der niedrigen Zinsen – nicht so schlecht da. Im Jahr 2012 belaufen sich die Aufwendungen für den Schuldendienst auf 2,4 Prozent der jährlichen Wirtschaftsleistung. Um die Jahrtausendwende waren es noch mehr als drei Prozent.

Zudem kommt es nicht auf die absolute Höhe der Schulden an, sondern auf ihr Verhältnis zur Wirtschaftsleistung. Denn je größer die Wirtschaft, desto mehr Steuereinnahmen hat ein Staat zur Verfügung, um seine Verbindlichkeiten zu bedienen. Man kann sich das an einem einfachen Beispiel klarmachen: Griechenland erwirtschaftete im Jahr, Stand 2012, Güter und Dienstleistungen im Wert von 198 Milliarden Euro und hatte 301 Milliarden Euro Schulden. Das entspricht einer Schuldenquote von 152 Prozent – eindeutig zu viel. Das Bruttoinlandsprodukt der USA dagegen belief sich auf mehr als 15 000 Milliarden Dollar. Das entspräche, hätten die USA lediglich die griechischen Schulden, was sie nicht haben, einer Quote von nur 2,5 Prozent. Die Vereinigten Staaten könnten die griechischen Schulden aus der Portokasse bezahlen. In der EU hat man sich darauf geeinigt, eine Obergrenze für die Staatsverschuldung bei 60 Prozent des Bruttoinlandsprodukts einzuziehen.

Mehr Geld = weniger Schulden?

Was aber tun, wenn die Schulden zu hoch sind? Wie wir gesehen haben, wäre ein steigendes Wirtschaftswachstum eine Lösung, weil Staaten mit einer höheren Wirtschaftsleistung auch mit einer höheren Verschuldung fertigwerden können. Genau diese Methoden haben die Amerikaner nach dem Zweiten Weltkrieg angewendet. Die Militärausgaben für den Kampf gegen Deutschland und Japan hatten die Staatsfinanzen ruiniert, die Schuldenquote belief sich auf mehr als 100 Prozent des jährlichen Bruttoinlandsprodukts. Innerhalb von nur zehn Jahren sank sie um die Hälfte. Interessant dabei: Die Schulden wurden überhaupt nicht weniger – im Gegenteil, sie stiegen von 269 auf 274 Milliarden Dollar. Nur wuchs die Wirtschaft eben noch schneller, so dass der Anteil der Schulden am Bruttoinlandsprodukt sank.

Auf einen ähnlichen Wachstumsschub setzen auch die Staats- und Regierungschefs der Eurozone. Die Rettungsschirme sollen den Krisenländern die Zeit kaufen, die sie benötigen, um ihre marode Wirtschaft zu sanieren – in der Hoffnung, dass irgendwann die Konjunktur wieder anspringt und sie aus ihren Schulden herauswachsen können. Die enormen wirtschaftlichen Ungleichgewichte bilden sich nun zwar zurück, doch die durch Lohnkürzungen und Sparmaßnahmen ausgelöste Rezession ist so schwer, dass eine schnelle Erholung der Konjunktur unwahrscheinlich ist. Davon abgesehen ist völlig unklar, ob sich in den gesättigten und alternden Volkswirtschaften Europas heute

Wachstumsraten erzielen lassen wie in den USA nach dem Zweiten Weltkrieg.

Die Frage ist also, was mit den Schulden geschieht, wenn das Wachstum nicht wie erhofft anzieht. Von einem solchen Szenario geht beispielsweise die Unternehmensberatung Boston Consulting Group aus. Sie kalkuliert, dass die Wirtschaft langfristig nominal – also die Inflationsrate eingerechnet – um drei Prozent jährlich wächst, und errechnet, so nicht mehr bedienbare Staatsschulden in Höhe von 3700 Milliarden Euro im gesamten europäischen Währungsraum. Hinzu addieren die Berater noch einmal 1400 Milliarden Euro an überschüssigen Verbindlichkeiten bei den Banken und Privathaushalten. Das ergibt also einen Schuldenüberhang von rund 5000 Milliarden Euro.

Die Politik könnte nun versuchen, diesen Schuldenberg durch eine Inflation abzutragen. Auch dafür gibt es Beispiele. Deutschland hat genau diesen Weg nach dem Ersten Weltkrieg beschritten. Die tatsächlichen Kriegskosten beliefen sich auf rund 150 Milliarden Mark, und Steuererhöhungen konnte und wollte die Reichsregierung nicht durchsetzen. Also wurden im Laufe der Kriegsjahre etwa 100 Milliarden Mark an Krediten aufgenommen – nicht zuletzt weil die Führung davon ausging, dass der Feldzug zu einem schnellen Sieg führen würde. Die Rechnung hätte man dann den unterlegenen Nationen präsentiert. Der Krieg ging verloren, und die Schulden verschwanden nicht – doch in der großen Inflation entsprach der geliehene Betrag gerade einmal dem Gegenwert von einem Kilo Brot. Deutschland war seine inländischen Schulden los.

Eine Inflation als Mittel zur Entwertung der Staatsschulden – das ist das Szenario, das viele vor Augen haben, die jetzt vor einem Anziehen der Preise warnen. Dabei wird oft übersehen, dass von bereits angehäuften Schulden kein direkter Inflationsdruck ausgeht. Am Anfang jeder Inflation steht, wie wir gesehen haben, in der Regel eine kräftige Nachfrageausweitung, mit der das Angebot nicht Schritt halten kann. Die durch die Schulden finanzierten Ausgaben aber wurden ja in der Vergangenheit getätigt, sie erzeugen keine Nachfrage mehr. Die Regierungen müssten also neue Schulden machen. So könnte der Staat durch die Notenbank finanzierte Ausgabeprogramme auflegen, die zu einer Überhitzung der Wirtschaft führen – in der Hoffnung, dass dadurch auch die Altschulden entwertet werden.

Das ist aber gar nicht so einfach, wie es zunächst klingt. Richtig ist, dass es beim Abbau der Schulden hilft, wenn die Preise steigen. Denn sinkende Preise gehen mit fallenden Löhnen einher. Wenn die Menschen weniger Geld verdienen, erhält auch der Staat weniger Steuereinnahmen. Er muss also dieselben Schulden mit schrumpfenden Einnahmen abtragen. Das funktioniert nur sehr selten – und deshalb sind die Vermeidung einer Deflation und die Aufrechterhaltung einer moderaten Inflation entscheidend für den Kampf gegen die Verschuldung.

Doch wenn das Szenario der Boston Consulting Group zutrifft, dann wären erheblich höhere Teuerungsraten nötig, damit die Schulden wieder tragfähig werden. Um diese zu erzeugen, müsste es zunächst gelingen, die Konjunktur anzukurbeln, denn ohne Wachstum keine Inflation. Schon das ist alles andere als einfach, zumal sich die Länder an die Sparvorlagen aus Brüssel halten müssen. Zudem lassen sich die Gläubiger in der Regel nicht so einfach übers Ohr hauen. Sie werden höhere Zinsen fordern, wenn die Inflation markant steigt, um sich für den Kaufkraftverlust entschädigen zu lassen. Die Zinsen auf die bereits ausgegebenen Staatsanleihen sind zwar in der Regel festgeschrieben und können nicht mehr verändert werden. Doch die Staaten müssen ja ständig auslaufende Schuldscheine durch neue ersetzen, und für Letztere müssten sie dann höhere Zinsen bezahlen. Das neutralisiert einen Teil des Inflationsvorteils. Deshalb müsste die Inflation immer ein wenig schneller steigen, als die Investoren es erwarten, so dass der von ihnen geforderte Zinsaufschlag immer zu gering ist. Das ginge aber mit ständig steigenden Teuerungsraten einher.

Es ist unwahrscheinlich, dass die Bevölkerung vor allem in Deutschland eine solche Politik dulden würde. Die Entwertung der Staatsschulden durch Inflation ist also auch politisch kein erfolgversprechender Weg. Weil die Notenbanken die Inflationsrate recht gut steuern können, wird es nicht zu einer Inflation kommen, wenn sie nicht vom Wähler toleriert wird – und das ist zumindest in Deutschland unwahrscheinlich. Diese Einschätzung setzt natürlich voraus, dass es Alternativen zur Inflationierung gibt. Dazu jetzt mehr.

Finanzielle Unterdrückung

Ärgern Sie sich über Ihre Lebensversicherung? Dann sind Sie nicht alleine. Lebensversicherungen sind das liebste Finanzprodukt der Deutschen. Sie haben fast 90 Millionen Verträge abgeschlossen, im Schnitt ist das mehr als einer pro Kopf. Viel Freude machen diese Verträge derzeit nicht, denn es gibt immer weniger Zinsen für das eingezahlte Geld. Der Marktführer Allianz etwa reduzierte die laufende Verzinsung für 2013 von 4,0 auf 3,6 Prozent. In den neunziger Jahren gab es noch fast 8 Prozent. Handelt es sich hierbei um eine besonders perfide Form der Enteignung der Bürger, wie viele Kommentatoren in der Wirtschaftspresse schreiben?

Ökonomen haben für das Phänomen der Zinsdrückung den Begriff der finanziellen Repression geprägt. Er geht zurück auf Studien aus den siebziger Jahren über die Wirtschaftspolitik in Schwellen- und Entwicklungsländern. Diese Länder zeichneten sich durch ein hohes Maß an staatlichen Interventionen an den Finanzmärkten aus. Carmen Reinhart, eine Wirtschaftsprofessorin an der amerikanischen Harvard-Universität, hat herausgefunden, dass ähnliche Methoden nach dem Zweiten Weltkrieg von vielen Industriestaaten angewendet wurden. Sparer verleihen ihr Geld in der Regel nur, wenn sie für den durch die Teuerung verursachten Kaufkraftverlust entschädigt werden. In den fünfziger Jahren allerdings kauften die Bürger Staatsanleihen mit einer Verzinsung, die unterhalb der Inflationsrate lag. Das erleichterte den Staaten den Schuldenabbau.

Für die Anleger war das natürlich ein Verlustgeschäft, sie konnten sich dagegen allerdings nicht wehren, weil sie durch staatliche Vorschriften dazu gezwungen wurden. In der damals geltenden Währungsordnung von Bretton Woods war der internationale Kapitalverkehr streng reguliert – die Bürger konnten ihr Geld also nicht einfach im Ausland anlegen, um höhere Renditen zu erwirtschaften. Für die Banken galten Zinsobergrenzen, von denen auch staatliche Schuldner profitierten, weil sie ebenfalls billiger an Geld kamen. In den USA sparte der Staat durch diesen Kniff nach Berechnungen von Reinhart Jahr für Jahr Zinsausgaben in Höhe von 6,3 Prozent der Wirtschaftsleistung ein.

Sosehr sich die Sparer über die entgangenen Zinsen geärgert haben mögen – der Wirtschaft hat all das nicht geschadet. Die fünfziger und sechziger Jahre waren eine Zeit, in der die Wachstumsraten hoch waren und die Haushaltseinkommen kräftig gestiegen sind. Als wirtschaftspolitische Strategie war die finanzielle Repression höchst erfolgreich. Sie hat dazu beigetragen, dass die westliche Welt nach dem Zweiten Weltkrieg ihre Schulden unter Kontrolle bekam. Das war auch sozial gerecht, weil die Wohlhabenden stärker belastet wurden, die in der Regel mehr Ersparnisse haben als Menschen mit geringerem Vermögen. So wäre der staatliche Niedrigzins auch ein probates Mittel, um den Schuldenabbau in Europa voranzutreiben. Der Satz ist bewusst im Konjunktiv gehalten, denn zumindest in Deutschland sind die Minizinsen nicht nur Ergebnis staatlicher Eingriffe. Die Verzinsung der von vielen Versicherungen gehaltenen deutschen Staatsanleihen ist kräftig gesunken, weil die Bundesrepublik als einer der letzten sicheren Häfen gilt und deshalb viel ausländisches Kapital ins Land strömt. Der Staat muss deshalb kaum Zinsen bieten, um seine Anleihen zu plazieren. Nicht die Geldspritzen der EZB sind also in erster Linie für das Zinstief verantwortlich, sondern die Panik an den Finanzmärkten. Das Versprechen der Notenbank, im Ernstfall die Geldschleusen noch weiter zu öffnen, hat sogar dazu geführt, dass die Zinsen in Deutschland wieder steigen. Denn jetzt haben die Anleger weniger Angst vor einem Zusammenbruch der Währungsunion und legen ihr Geld wieder in Italien und Spanien an.

Im Unterschied zu den Amerikanern in den fünfziger Jahren steht es den Deutschen zudem heute frei, ihre Ersparnisse im Ausland zu investieren, wenn sie das möchten. Es ist kein Zufall, dass vor allem die Lebensversicherungen unter den niedrigen Zinsen leiden. Von den knapp 800 Milliarden Euro, die sie an Kundengeldern verwalten, stecken nur 2,6 Prozent in Aktien – und satte 89,6 Prozent in festverzinslichen Wertpapieren. Wer sich mit den niedrigen Zinsen nicht zufriedengeben will, der hat Alternativen. Der deutsche Aktienindex etwa legte im Jahr 2012 um knapp 30 Prozent zu. Die Unterdrückung der Sparer hält sich also bislang in Grenzen.

Aber gefährdet das niedrige Zinsniveau nicht die Altersvorsorge? Das kommt darauf an. Denn wie sich niedrige Zinsen auf das Einkommen im Alter auswirken, hängt von der Ausgestaltung des Rentensystems ab. Im Prinzip gibt es hier zwei Möglichkeiten. Bei einem Umlagesystem zahlen die Jungen direkt für die Alten. In Deutschland funktioniert das so, dass die Rentenversicherung die Beiträge bei den Arbeitnehmern einsammelt und an die Rentner überweist. Die Höhe der Rente hängt ab vom Lohn und vom Verhältnis der Alten zu den Jungen. Auf das Zinsniveau kommt es nicht an. Anders sieht es in einem kapitalgedeckten System aus. Hier spart jeder die Beiträge für die Zukunft an – und dabei spielt der Zins natürlich eine Rolle.

Das Rentensystem legt aber nur Ansprüche auf die zukünftige Güterproduktion fest. Es muss nicht zwingend Einfluss auf die Produktion selbst haben. Die aber ist entscheidend für den Wohlstand im Alter, weil sie die Menge der zu verteilenden Güter bestimmt. Wenn wegen des demographischen Wandels in 20 oder 50 Jahren bei einer gleichbleibenden Bevölkerung weniger Waren und Dienstleistungen hergestellt werden, dann bleibt weniger für jeden Einzelnen – auch wenn die Zinsen sehr hoch sind. Und wenn die niedrigen Zinsen andersherum dazu beitragen, die Wirtschaft dauerhaft anzukurbeln, dann gibt es in Zukunft sogar mehr zu verteilen!

Das niedrige Zinsniveau sollte also vor allem ein Anlass sein, über die Zukunft der Rente noch einmal neu nachzudenken. Deutschland ist jahrzehntelang mit einem Umlagesystem gut gefahren. Erst nach der Jahrtausendwende baute die damalige rot-grüne Bundesregierung die private Vorsorge aus – und die Finanzbranche plädiert angesichts des demographischen

Wandels für weitere Privatisierungsmaßnahmen. Doch wenn Aktien oder Anleihen nicht mehr sind als ein vertraglich festgelegter Anspruch auf einen Teil der künftigen Produktion, dann hilft eine solche Umstellung im Kampf gegen die Folgen der Alterung nur begrenzt.

So können Banken und Versicherungen das Vermögen der deutschen Sparer zwar in Regionen anlegen, in denen es mehr Junge und weniger Alte gibt als in Deutschland. Wenn die Deutschen diesen Ländern jetzt Geld zur Verfügung stellen, dann haben sie in der Zukunft Anspruch auf die Früchte dieser Wertschöpfung im Ausland – also auf einen Teil der dort hergestellten Güter. Auf diese Weise ließe sich die eigene altersbedingte Wirtschaftsschwäche zumindest zum Teil wettmachen. Die Finanzmärkte ermöglichen es also, das Arbeitskräftepotenzial in Staaten mit einer günstigen Altersstruktur anzuzapfen.

Die Finanzkrise hat aber gezeigt, wie riskant diese Strategie ist. Denn ob die Gelder gut angelegt sind, ist alles andere als sicher. In Griechenland mussten die Deutschen bereits auf einen Teil ihrer Forderungen verzichten, eine Gegenleistung bekamen sie nicht. Und wer Papiere der untergegangenen amerikanischen Investmentbank Lehman Brothers gekauft hat, ist mit seinem Auslandsengagement auch nicht glücklich geworden.

Die Geschichte zeigt also: Es braucht keine Hyperinflation, um hohe Schulden abzubauen. Es reicht häufig die richtige Kombination aus Wachstum und Zinsniveau. Aber was, wenn nicht?

So kommen wir da raus

Auch in der Antike mussten sich die Menschen mit Schulden herumschlagen. Im alten Mesopotamien wurden Verbindlichkeiten auf Tontafeln notiert. Wenn der Schuldner sie nicht zurückzahlen konnte, verwirkte er Haus und Hof und schlimmstenfalls sogar seine Freiheit. In regelmäßigen Abständen wurden die Schulden erlassen, etwa beim Amtsantritt eines neuen Herrschers oder nach Naturkatastrophen. Das sollte verhindern, dass die Schuldbeziehungen überhand nehmen und die gesellschaftliche Ordnung gefährden. Und genau auf diese Weise könnte auch Europa sein Schuldenproblem lösen, wenn sich herausstellen sollte, dass konventionelle Maßnahmen nicht ausreichen.

Ein Schuldenschnitt ist allerdings ein höchst riskantes Unterfangen. Denn die Schulden des einen sind die Forderungen des anderen. Immer wenn die Schulden gestrichen werden, wird auch Vermögen vernichtet. Das ist auch in Europa so. Die Krisenstaaten haben überall auf dem Kontinent ihre Anleihen plaziert. Bei ihren eigenen Bürgern, bei französischen Banken und bei deutschen Versicherungen. Wenn jetzt die Schulden erlassen werden, dann fehlt überall dort Geld. Allein die deutschen Finanzinstitute haben an öffentliche Haushalte in Italien, Stand September 2012, 31 Milliarden Euro verliehen.

Ein Schnitt würde aber nicht nur zu erheblichen Verlusten führen, er würde die Krise wahrscheinlich noch einmal eskalieren lassen. Banken müssten gestützt werden, an den Märkten bräche Panik aus, weil niemand genau weiß, wen es am Ende treffen wird. Und wahrscheinlich würden die internationalen Anleger endgültig einen Bogen um Staatsanleihen aus Europa machen. Damit würde eine wichtige Finanzierungsquelle für die Eurostaaten versiegen. Schon der Schuldenschnitt in Griechenland im Frühjahr 2012 sorgte für erhebliche Turbulenzen. Die Besitzer von griechischen Staatsanleihen wurden gezwungen, auf rund die Hälfte ihrer Forderungen zu verzichten. Da aber ihre Anleihen in niedrig verzinste Papiere mit einer langen Laufzeit umgewandelt wurden, sind die tatsächlichen Verluste noch höher.

Die Summen selbst waren dabei nicht das Problem. Für Unruhe sorgte die Aktion, weil sie einem Tabubruch gleichkam. Erstmals seit dem Ende des Zweiten Weltkriegs hielt ein Industriestaat seine Kreditverträge nicht mehr ein. Die Investoren fürchteten, dass ihnen auch in den anderen Krisenstaaten Verluste drohen, und zogen ihr Geld ab. Damit hatten plötzlich auch Italien und Spanien Probleme, neue Kreditgeber zu finden – und die Rettungsschirme mussten erheblich vergrößert werden. Ein großer und länderübergreifender Schuldenschnitt hätte mit großer Wahrscheinlichkeit noch gravierendere Folgen.

Deshalb sind intelligentere Verfahren für den großen Schnitt nötig. Man könnte die übermäßigen Schulden aus ganz Europa zum Beispiel in einen Fonds packen und langsam tilgen. Für den Fonds würden alle gemeinsam haften, so dass die Zinsen niedrig blieben. Das Geld für die Tilgung könnte aus einer europaweiten Vermögensabgabe kommen – denn schließlich profitieren von den staatlichen Rettungsaktionen in besonderem Maße die Vermögenden. Sie halten entweder direkt oder über ihre Wertpapierportfolios und Lebensversicherungen viele der Staatsanleihen aus Südeuropa, die nur dank der Hilfsgelder aus Brüssel noch bedient werden können. Portugal etwa hat seinen Kreditgebern in der ersten Jahreshälfte 2012 zehn Milliarden Euro überwiesen, die irische Regierung zahlte allein im Januar desselben Jahres eineinhalb Milliarden Euro an die Inhaber der Anleihen geretteter Banken aus. Dieses Geld wäre nicht geflossen, wenn die Rettungsschirme nicht aufgespannt worden wären. Es ist also nur billig, die Profiteure der Rettung an den Kosten der Rettung zu beteiligen. Und es gäbe einiges zu holen, auch in Deutschland. Die deutschen Staatsschulden belaufen sich auf 2042 Milliarden Euro, das Finanzvermögen der Privathaushalte – ohne Immobilienbesitz – beträgt knapp 3500 Milliarden Euro.

Die Experten von Boston Consulting haben ein solches Modell sogar schon durchgerechnet. Demnach würde eine jährliche Abgabe auf das Finanzvermögen von 1,2 Prozent in jedem Land der Eurozone ausreichen, um die Schulden in einem Zeitraum von 20 Jahren wieder auf ein tragfähiges Niveau zu bringen. Für kleinere Vermögen könnte es Freibeträge geben. Und noch einen Vorteil hätte die Methode: Wohlhabende geben einen geringeren Anteil ihres Einkommens für den Konsum aus als Bezieher kleinerer Einkommen. Eine Vermögensabgabe würde also die Konjunktur weniger stark belasten als beispielsweise eine allgemeine Anhebung der Einkommensteuer.

Natürlich wären eine ganze Reihe von schwierigen Problemen zu lösen. Wie schafft man es beispielsweise, dass die Staaten nicht vom Reformkurs abweichen, wenn sie ihre Schulden erst einmal ausgelagert haben? Und wer treibt die Steuern ein, wo doch die Griechen beispielsweise immer noch nicht in der Lage sind, ihre Milliardäre angemessen an der Finanzierung der Staatsaufgaben zu beteiligen. Alles berechtigte und nicht einfach zu beantwortende Fragen. Der Charme eines solchen Vorgehens aber liegt darin, dass sich die unangenehmen Folgen eines Schuldenschnitts dadurch in den Griff bekommen lassen. Wenn die Schulden gestrichen werden, schrumpfen auch die Vermögen, daran führt kein Weg vorbei. Aber indem die Korrektur über eine Vermögensabgabe erzwungen wird, dürften Panikreaktionen an den Finanzmärkten ausbleiben. Schließlich blieben die bestehenden Kreditverträge davon unberührt – alle Staaten würden weiterhin ihre Anleihen pünktlich bedienen.

Die Vermögenden würden damit letztlich nur Verluste realisieren, die bislang verschleiert werden, weil ihre wertlosen Forderungen mit Steuermitteln bedient werden. Auch hier gibt es eine Parallele zur Weimarer Republik: Die Kriegsfinanzierung hatte zu einer Ausweitung des Geldvermögens im Deutschen Reich geführt, weil die vom Staat ausgegebenen Anleihen von den Bürgern als Vermögen gehalten wurden. Die Inflation sorgte dafür, dass die letztlich nicht durch reale Werte gedeckten Vermögen auf ein nachhaltiges Niveau gesenkt wurden – eine kräftige Steuererhöhung wäre eine Alternative gewesen.

Eine andere Art der Inflation

Im Oktober 2012 widmet sich das Nachrichtenmagazin »Spiegel« in einer Titelgeschichte dem drohenden Preisanstieg. »Vorsicht, Inflation!«, steht in großen, roten Buchstaben auf dem Cover, dazu eine Euro-Münze, deren Ränder zu schmelzen begonnen haben. Das Interessante an der Geschichte ist, dass im Text von Inflation eigentlich überhaupt nicht die Rede ist. Gleich zu Beginn räumen die Autoren des Stücks ein, dass die Verbraucherpreise in Deutschland eigentlich gar nicht so schnell steigen – ihr eigentliches Thema sind dann die steigenden Vermögenspreise an den Finanzmärkten. Die Kurse von Aktien und Rohstoffen also oder der Wert von Immobilien. Der Artikel ist kein Einzelfall. In vielen Beiträgen über die angeblich wegen der Geldspritzen der Notenbanken drohende Inflation geht es vor allem um neue Spekulationsblasen an den Finanzmärkten.

Dabei hat das eine mit dem anderen zunächst nichts zu tun. Inflation ist definiert als ein Anstieg des Güterpreisniveaus innerhalb eines bestimmten Zeitraums. Gemessen wird dieser Anstieg mit Hilfe eines Warenkorbs. Die Statistiker beobachten, wie sich die Preise für Dinge des täglichen Bedarfs entwickeln. Dazu werden Monat für Monat rund 300 000 Einzelpreise erfasst und dann in etwa 700 Güterkategorien eingeteilt – von den Wohnungsmieten bis zur Müllabfuhr. Der Preisanstieg einer Gütergruppe wird dann gewichtet mit dem Anteil des Einkommens, den die privaten Haushalte im Schnitt für diese Güter ausgeben.

Mieten haben mit rund 20 Prozent einen großen Anteil, Motorräder mit 0,1 Prozent einen eher kleinen.

Aktien kommen in diesem Warenkorb nicht vor, Immobilien auch nicht. Und dafür gibt es gute Gründe. Ein Anstieg des Preisniveaus macht – bei unverändertem Einkommen – alle ärmer. Ein Anstieg der Aktienkurse macht zumindest alle Aktienanleger reicher, ärmer wird dadurch zuerst einmal niemand. Und ein Anstieg der Immobilienpreise ärgert diejenigen, die sich eine Immobilie kaufen wollen, aber erfreut diejenigen, die bereits eine besitzen. Das bedeutet nicht, dass stark steigende Aktienkurse oder Immobilienpreise immer gut sind. Aber es bedeutet, dass es sich bei einem Anstieg der Güterpreise und einem Anstieg der Vermögenspreise um unterschiedliche Phänomene handelt, die unterschiedliche Ursachen haben und unterschiedliche wirtschaftspolitische Reaktionen erfordern.

Die Gleichsetzung von Inflation mit steigenden Vermögenspreisen erinnert an die Weimarer Republik. Damals argumentierten viele Deutsche, Inflation sei dasselbe wie eine Abwertung der Währung. Beides galt als irgendwie schlecht, weil es mit einer Manipulation des Geldwertes zu tun hatte – tatsächlich handelt es sich um grundverschiedene Vorgänge. Zum Problem wird ein solcher Mangel an definitorischer Trennschärfe, wenn er die Ausrichtung der Wirtschaftspolitik beeinflusst. Um zu verstehen, warum das so ist, muss man sich mit der Frage beschäftigen, wie eine Finanzblase entsteht.

Das Geld ist falsch verteilt

Die Wirtschaftsgeschichte ist eine Geschichte spekulativer Übertreibungen. Von der Tulpenmanie im Holland des 17. Jahrhunderts über die Südseeblase im England des 18. Jahrhunderts bis hin zum amerikanischen Immobilienboom – immer wieder ließen sich Menschen, von den Verheißungen gewaltiger Profite gelockt, auf finanzielle Abenteuer ein, nur um dann umso grandioser zu scheitern. Auch derartige Exzesse müssen durch Geld finanziert werden, und deshalb liegt die Vermutung nahe, die Zentralbanken seien dafür verantwortlich. Wenn das von ihnen geschaffene Geld nicht in die Gütermärkte fließt und dort Inflation verursacht, dann fließt es eben in die Finanzmärkte und lässt dort die Preise steigen.

Diesem Argument liegt die Vorstellung zugrunde, es gebe eine vorab von den Zentralbanken festgelegte Menge an Geld, die dann nur noch verteilt werden müsse. Das entspricht aber, wie wir bereits gesehen haben, nicht der Realität. Das meiste Geld wird nicht von den Notenbanken, sondern von den privaten Banken geschöpft. In aller Regel werden spekulative Übertreibungen denn auch durch private Geldschöpfung finanziert. Praktisch alle großen Finanzblasen gingen mit einer kräftigen Ausweitung der Kreditvergabe einher. Das macht sie auch so gefährlich. Denn wenn die Blase platzt und die Kredite nicht mehr zurückbezahlt werden können, wanken auch die Banken. Sie müssen mit Steuergeldern gestützt werden, um einen Zusammenbruch des Finanzsystems zu verhindern.

So waren denn auch vor dem Ausbruch der Finanzkrise in den USA vermehrt Immobilienkredite vergeben worden – in der Hoffnung, dass die Hauspreise immer weiter steigen würden. Als sie zu fallen begannen, stellten die Banken fest, dass ihre Darlehen nicht durch reale Werte abgesichert waren, und weil die findigen Investmentbanker der Wall Street die Kredite an Investoren in der ganzen Welt verkauft hatten, mussten auch plötzlich notleidende deutsche Landesbanken gerettet werden. Das Geld für die Finanzierung einer Blase muss dabei nicht unbedingt von inländischen Banken geschaffen worden sein, es kann auch aus dem Ausland kommen. Der südeuropäische Boom nach der Einführung des Euro beispielsweise wurde hauptsächlich durch Banken aus Deutschland und Frankreich finanziert.

Wetten auf Kursgewinne mit geliehenem Geld sind also ein wichtiges Kennzeichen jeder Blase. Derzeit werden aber in den Industrienationen nur relativ wenige neue Kredite vergeben. Die Banken schaffen also wenig Geld. Das ist ein wichtiges Indiz dafür, dass von einer Blasenwirtschaft noch keine Rede sein kann. Darauf deutet auch die Entwicklung am Aktienmarkt hin. Eine wichtige Kennzahl für die Bewertung von Aktienkursen ist das sogenannte Kurs-Gewinn-Verhältnis – also das Verhältnis des Aktienkurses zum Gewinn der Unternehmen, die die Aktien ausgegeben haben. Je höher der Wert, desto teurer eine Aktie, weil für den gleichen Gewinn ein höherer Preis bezahlt werden muss. Derzeit bewegt sich dieses Verhältnis beim Dax noch im üblichen Rahmen.

Nun ist die Aktienbewertung eine komplizierte Angelegenheit, und niemand kann die Börsenkurse von morgen vorhersagen. Das ändert aber nichts daran, dass der überzeugende Beweis für spekulative Entwicklungen bislang fehlt. Auch für das Verständnis und die Vorhersage von Finanzblasen eignet sich die Zentralbankgeldmenge also nur bedingt. Das bedeutet nicht, dass die Notenbanken keinen Einfluss auf Börsenkurse oder Immobilienpreise hätten. Wenn die Zinsen sinken, investieren mehr Anleger in Aktien oder Immobilien, weil das Geld auf dem Sparkonto keine Erträge mehr abwirft. Das treibt die Preise dieser Vermögenswerte. Entscheidend ist aber: Damit aus einem solchen Preisanstieg eine gefährliche Blase wird, muss eine Kreditexpansion der Banken hinzukommen.

Was tun, wenn die Banken tatsächlich mehr Kredite vergeben, als es ihnen und der Wirtschaft insgesamt guttut? Nichts, lautete die Antwort vor Ausbruch der Finanzkrise in den USA. Gemäß der damals vorherrschenden Lehre sollten Zentralbanken nicht gegen Verwerfungen an den Finanzmärkten vorgehen. Diese Überzeugung geht vor allem auf den früheren amerikanischen Zentralbankchef Alan Greenspan zurück, der generell wenig von einer öffentlichen Kontrolle der Wirtschaft hielt und an die Weisheit der Märkte glaubte. Greenspan war davon überzeugt, dass staatliche Stellen nie in der Lage wären, eine Blase als solche zu identifizieren. Woher sollten Beamte besser als Abertausende Investoren global wissen, wo der angemessene Preis einer Aktie liegt? Und haben nicht viele Blasen der Welt neben einigen Unannehmlichkeiten enormen Wohlstand beschert? Der Eisenbahnwahn im 19. Jahrhundert etwa zwang viele Firmen in die Pleite, aber zu seinen erfreulichen Hinterlassenschaften gehörte auch eine völlig neue Infrastruktur.

Greenspan argumentierte, dass der Staat erst gefragt sei, wenn eine Blase geplatzt sei. Dann sei es seine Aufgabe, mit niedrigen Zinsen den Wiederaufbau zu erleichtern. »Statt eine mögliche Blase durch drastische Aktionen mit unvorhersehbaren Konsequenzen zu bekämpfen, haben wir uns entschieden, uns auf Maßnahmen zu konzentrieren, die negativen Folgen abzufedern, wenn sie auftreten, und, hoffentlich, den Übergang zur nächsten Expansionsphase zu erleichtern«, sagte er im Jahr 2004 anlässlich einer Rede in San Diego im US-Bundesstaat Kalifornien. So war die Politik der Notenbanken von einer Asymmetrie geprägt: Beim kleinsten Anzeichen für ein Anziehen der Güterpreisinflation infolge steigender Löhne wurde energisch eingeschritten, während die Akteure an den Finanzmärkten praktisch tun und lassen konnten, was sie wollten.

Grenzen für die Banken

Die Finanzkrise hat gezeigt, dass dies eine sehr riskante Strategie ist. Denn um ein Haar hätte es nicht mehr viel zum Wiederaufbauen gegeben, weil die gesamte Weltwirtschaft in eine tiefe Depression gestürzt wäre. Heute setzt sich jedoch allmählich die Überzeugung durch, dass die Märkte nicht sich selbst überlassen werden dürfen. Es gibt inzwischen eine Reihe von globalen Gremien, die bei Übertreibungen Alarm schlagen und Gegenmaßnahmen ergreifen können. Auf internationaler Ebene wurde der Finanzstabilitätsrat ins Leben gerufen, dem Vertreter aus den Staaten der G20 angehören. Auf europäischer Ebene gibt es das von Mario Draghi geleitete European Systemic Risk Board (ESRB) und auf nationaler Ebene den Ausschuss für Finanzstabilität, dem die Bundesbank, die Bundesanstalt für Finanzdienstleistungsaufsicht und das Finanzministerium angehören. Er kommt mindestens viermal im Jahr zusammen und kann Gegenmaßnahmen einleiten, wenn Finanzexzesse drohen.

Mit den neuen Instrumenten kann der Staat die Kreditvergabe der Banken viel präziser steuern als bisher. Das ist vor allem deshalb wichtig, weil Finanzblasen häufig nicht darauf zurückzuführen sind, dass zu viel Geld in der Wirtschaft umläuft – sondern dass das vorhandene Geld falsch verteilt ist. So lief in den USA vor Ausbruch der Krise zwar der Immobilienmarkt heiß, die Investitionstätigkeit der Firmen aber war mau. Deshalb wäre es falsch, auf Finanzexzesse pauschal mit einer allgemeinen Geldverknappung zu reagieren. Denn die schadet auch dem gesunden Teil der Wirtschaft. Viel sinnvoller wäre es, das Geld aus den sich überhitzenden Sektoren der Wirtschaft abzuziehen, damit es dorthin fließt, wo Mangel herrscht. Heute können die Finanzinstitute beispielsweise dazu gezwungen werden, mehr Eigenkapital für Immobilienkredite vorzuhalten, wenn die Aufsichtsbehörden fürchten, dass sich auf dem Grundstücksmarkt eine Blase bildet. Der Staat wird sich in Zukunft also viel stärker als früher in die Steuerung der Geldströme einmischen. Er wird entscheiden müssen, in welchen Bereichen der Wirtschaft gerade genug Geld und Kredit vorhanden ist und in welchen zu wenig. Er muss sich eine Meinung bilden, ab wann die Bewertung von Aktien und anderen Wertpapieren als nicht mehr angemessen gelten kann. Das klingt banal, kommt aber einer kleinen Revolution gleich. Der Kredit ist im Kapitalismus eine Art Lebenselixier. Wo er frisches Geld entstehen lässt, wird produziert und gearbeitet. Wo er versiegt, herrscht Stillstand. Künftig wird der Staat hier ein gewichtiges Wort mitreden können. Liberale Puristen werden einwerfen, dass der Staat damit Entscheidungen treffe, die eigentlich dem Markt überlassen werden sollten. Doch der Markt hat in den vergangenen Jahren einfach zu oft versagt. Eine zweite Jahrhundertkrise kann sich die Welt nicht leisten.

Früher wurde der Erfolg der Zentralbanken daran gemessen, ob es ihnen gelingt, die Inflationsrate auf einem niedrigen Niveau zu halten. Heutzutage ist klar, dass das nicht ausreicht. Wenn der Soziologe Wolfgang Streeck also schreibt, nichts hindere die Finanzfirmen daran, »das überreichlich von den Zentralbanken bereitgestellte Geld zu verwenden, um in die neuen Wachstumsbranchen – welche auch immer sich als solche anzubieten scheinen – einzusteigen, im Interesse ihrer bevorzugten Kunden und natürlich auch in ihrem eigenen«, dann ist das nicht nur falsch,

weil die Banken in der Regel nicht mit Zentralbankgeld auf Einkaufstour gehen, sondern auch, weil sie
durch die Vergabe von Krediten neues Geld schaffen
und erst dieses neu geschaffene Geld spekulative Exzesse verursacht. Es stimmt auch nicht, dass die Banken nicht an solchen Geschäften gehindert werden
können. Die Instrumente sind da, man muss sie nur
anwenden.

Immobilienfieber

Die Mitarbeiter der Deutschen Bundesbank kann so leicht nichts aus der Ruhe bringen. Sie sind es gewohnt, in langen Zeiträumen zu denken, das tägliche Auf und Ab an den Finanzmärkten lässt sie in der Regel kalt. Umso bemerkenswerter war es, dass die Bundesbanker im November 2012 eine ausführliche Stellungnahme zur Lage auf dem deutschen Immobilienmarkt veröffentlichten. Preisübertreibungen könnten in einigen regionalen Teilmärkten »nicht ausgeschlossen werden«, die weitere Entwicklung stehe unter »intensiver Beobachtung«.

Dabei sind Immobilien für Privatinvestoren, die ihr Geld vor dem Währungskollaps in Sicherheit bringen wollen, das Anlageobjekt der Wahl. Makler berichten, dass ihre Kunden sich vor allem dann nach Kaufobjekten erkundigen, wenn in Brüssel wieder einmal bei einem Gipfeltreffen neue Rettungsprogramme vereinbart wurden. Der Markt boomt – und schon gibt die Bundesbank den Spielverderber. Muss das sein?

Es muss sein. Denn die Krise mag viel mit der mangelnden Regulierung komplexer Finanzprodukte zu tun haben, die niemand durchschaut: Die eigentlichen finanziellen Massenvernichtungswaffen sind Immobilien. Fast alle großen Krisen der vergangenen Jahre wurden durch Preisverschiebungen an den Immobilienmärkten ausgelöst. Ob in den USA, in Spanien, in Irland oder in Japan: Immer ließ das Platzen einer Hauspreisblase die Wirtschaft abstürzen, weil die Banken mit in den Abgrund gerissen wurden, die den

Boom finanzierten. Auch Deutschland erlebte nach der Wiedervereinigung einen Immobilienboom, mit dessen Spätfolgen das Land noch lange zu kämpfen hatte.

Danach fielen die Preise erst einmal für viele Jahre. Jetzt steigen sie wieder. In 125 ausgewählten deutschen Städten verteuerten sich neue Immobilien nach Daten der Bundesbank allein im Jahr 2011 um 6,3 Prozent, Bestandsobjekte legten um 4,9 Prozent zu. Besonders rasant verlief die Entwicklung in Ballungszentren wie Berlin, Hamburg, Frankfurt, München, Stuttgart oder Düsseldorf. Hier ergab sich ein Zuwachs von 9,1 Prozent für neue und 7,0 Prozent für wiederverkaufte Häuser und Eigentumswohnungen. Bereits heute sind Hypothekendarlehen der mit Abstand größte Posten bei der Verschuldung der privaten Haushalte. Knapp 1000 Milliarden Euro haben sich die Deutschen bei den Banken für den Bau oder Kauf von Immobilien geliehen – das sind 40 Prozent der gesamten inländischen Kreditvergabe der deutschen Institute. Wenn am Immobilienmarkt etwas schiefläuft, ist es vorbei mit dem deutschen Aufschwung.

Nun ist es hierzulande noch nicht so weit wie in Irland, Spanien oder den USA. Das liegt vor allem daran, dass die deutschen Immobilienkäufer in der Regel mehr Eigenkapital mitbringen. Amerikanische Immobilien waren häufig komplett kreditfinanziert. Als die Preise zu sinken begannen, deckte der Wert der Häuser die Kreditsumme nicht mehr ab, und die Banken mussten Abschreibungen vornehmen. In Deutschland wird in der Regel Eigenkapital in Höhe von 20 bis

40 Prozent des Immobilienwerts eingebracht. Damit schlägt eine Preiskorrektur nicht sofort auf die Bilanzen der Banken durch. Auch kann von Kreditexzessen noch nicht die Rede sein. Im Jahr 2011 stieg das Volumen der Immobilienkredite in Deutschland um 1,2 Prozent. In Spanien waren Zuwachsraten von 10 Prozent und mehr üblich.

Überdies sind die Einkommen der Deutschen gestiegen. Sie können sich also größere Häuser und Wohnungen leisten – und sie können höhere Mieten bezahlen. Das ist gerade für Immobilien entscheidend, die zur Kapitalanlage gekauft werden, weil höhere Mieteinnahmen einen höheren Kaufpreis rechtfertigen. Dazu kommt, dass es mehr und mehr Deutsche aller Altersstufen in die Städte zieht. Sie suchen das kulturelle Angebot und die medizinische Versorgung. Immer mehr Deutsche schätzen darüber hinaus das Single-Dasein, was die Nachfrage nach Wohnraum zusätzlich antreibt, weil zwei Singles in der Regel mehr Platz benötigen als ein Paar. Zwischen 2000 und 2010 ist die Zahl der Einzelwohner nach Erhebungen des Maklerbüros Engel&Völkers von 13,9 Millionen auf 16,3 Millionen gestiegen. Und schließlich wandern immer mehr Arbeitnehmer aus den Krisenländern Südeuropas nach Deutschland ein, weil sie in der Heimat keinen Job mehr finden. Sie lassen sich vor allem in den Großstädten nieder – und sie benötigen Wohnraum.

Es ist allerdings nicht unnormal, dass der Preisanstieg zu Beginn einer spekulativen Entwicklung zunächst einmal durch die wirtschaftlichen Rahmendaten gedeckt ist. Irgendwann entsteht daraus dann eine Eigendynamik, die sich nur schwer bremsen lässt. Die Käufer ziehen aus den kräftigen Preiszuwächsen der Vergangenheit den unzulässigen Schluss, dass die Preise auch in Zukunft steigen müssen, und gehen in der Hoffnung auf saftige Profite immer größere finanzielle Risiken ein. Es gibt schließlich genug Erfolgsgeschichten, die als Vorbilder dienen. Wer etwa in Berlin vor einigen Jahren eine Wohnung in einem heute angesagten Bezirk gekauft hat, der konnte sie zum Teil für das Doppelte wieder losschlagen.

Das wird aber nicht immer so weitergehen. In einigen Lagen in den Ballungsräumen werden schon heute Preise aufgerufen, die sich ökonomisch nicht mehr rechtfertigen lassen, also nicht durch zukünftige Erträge etwa aus der Vermietung gedeckt sind. Das gilt insbesondere für Berlin, wo die Preise in den begehrten Bezirken um 20 Prozent oder mehr pro Jahr steigen, obwohl die Arbeitslosigkeit in der Hauptstadt vergleichsweise hoch ist und die Haushaltseinkommen unter dem Durchschnitt liegen. Hier sind Rückschläge wahrscheinlich.

Selbst wenn nicht gleich die ganz große Blase platzt, kann es für die Betroffenen mit erheblichen Verlusten verbunden sein, wenn sie plötzlich feststellen, dass die Mieteinnahmen nicht mehr ausreichen, um die Kreditzinsen zu decken. Oder wenn sie für ihre Wohnung nicht mehr den Preis bekommen, den sie dafür bezahlt haben. Aber das ist nicht das einzige Risiko. Wer sich als Privatanleger für eine Immobilie entscheidet, der bündelt wegen der hohen Preise in der

Regel einen großen Teil seiner Ersparnisse in einem Investitionsobjekt. Wenn etwas schiefläuft, ist sehr viel Geld weg. Und es kann einiges schieflaufen: Die einst ruhige Straße wird zur Vergnügungsmeile, weil Restaurants und Bars in der Nachbarschaft eröffnen. Ein Flughafen wird gebaut. Das Dach erweist sich als sanierungsbedürftig. Die laufenden Kosten steigen. Es gibt Ärger mit dem Mieter. In letzter Zeit nimmt überdies der Pfusch am Bau dramatisch zu, weil immer mehr unseriöse Firmen in den Markt drängen. Experten beziffern den Schaden bei privaten Wohnimmobilien auf jährlich eineinhalb bis fünf Milliarden Euro.

Aber auch die Politik könnte den großen Reibach beenden. Schon wird in vielen Städten der kommunale Wohnungsbau ausgeweitet, nachdem die Berichte über eine drohende Wohnungsnot die Politik aufgeschreckt haben. Das zusätzliche Angebot wird die Preise tendenziell drücken. Berlin greift zu noch drakonischeren Maßnahmen. Im Szenebezirk Pankow ist neuerdings die Luxussanierung von Wohnungen nicht mehr erlaubt. Verboten sind der Einbau eines zweiten Bades, die Installation einer Fußbodenheizung oder eines Innenkamins, separate Stellplätze für das Auto oder ein zweiter Balkon. Für Investoren bedeutet das: Wer darauf setzte, seine Wohnung nach einer Sanierung teuer vermieten oder verkaufen zu können, der kann das nun nicht mehr tun. Und auch die Finanzaufsichtsbehörden könnten aktiv werden, wenn der Preisanstieg ungebremst weitergeht. Sie denken bereits darüber nach, die Banken dazu zu zwingen, von ihren Kunden mehr Eigenkapital zu verlangen. Das würde den Preisauftrieb dämpfen, weil weniger Geld für den Immobilienkauf zur Verfügung stünde. Die Notenbanker sind entschlossen, eine Preisblase wie in den USA zu verhindern, und setzen deshalb die im dritten Kapitel beschriebenen neuen Instrumente ein, die ihnen zur Bekämpfung spekulativer Exzesse an die Hand gegeben wurden.

Dazu kommt: Wer in Wohnungen und Häuser investiert, der engagiert sich in der Regel für einen längeren Zeitraum. Und langfristig schrumpft und altert die deutsche Bevölkerung. Das wird sich irgendwann auch in den Städten bemerkbar machen. Auf dem Lande zeigt sich bereits heute, dass die Immobilienpreise nicht nur nach oben gehen können. In den ländlichen Räumen der neuen Bundesländer beispielsweise ist die Bevölkerung seit dem Jahr 2000 um rund zehn Prozent gesunken. Die Nachfrage nach Immobilien fällt, und damit gehen auch die Preise zurück. In vielen Dörfern und Kleinstädten stehen Wohnungen und Häuser leer. In den alten Bundesländern ist die Lage noch nicht so dramatisch, doch auch hier macht sich der demographische Wandel bemerkbar. In Städten wie Cuxhaven beträgt der Leerstand Schätzungen zufolge zehn Prozent der Wohnflächen. Einst als zukunftssicher angepriesene Vorstadtsiedlungen veröden. Wer hier investiert hat, der hat viel Geld verloren.

Für Immobilienanleger sind das alles Risikofaktoren, die sie berücksichtigen müssen. Sie handeln sich durch ihr Engagement am Häusermarkt das ein, was Experten ein Klumpenrisiko nennen. Weil das Kapital in einem Objekt gebunden ist, ist es nicht mehr möglich, Risiken breit zu streuen und somit das Vermögen gegen alle Eventualitäten abzusichern. Stattdessen wird alles auf eine Karte gesetzt. Das ist besonders gravierend, weil sich einmal getroffene Entscheidungen nur schwer rückgängig machen lassen. Denn anders als im Fall von Aktien oder Anleihen ist der Kauf und Verkauf von Immobilien häufig ein aufwendiger und teurer Prozess. Es fallen Maklergebühren und Notarkosten an. Die Kommunen erheben eine Grunderwerbsteuer, die zuletzt in vielen Bundesländern kräftig erhöht wurde. Und ein passender Käufer muss erst einmal gefunden werden. Aktien oder Anleihen dagegen sind in der Regel liquider – es ist mit geringeren Kosten verbunden, sie zu kaufen oder wieder zu verkaufen.

Das alles spricht nicht gegen den Kauf einer Wohnung oder eines Hauses für die eigene Nutzung. Wer es sich leisten kann und weiß, wo er leben will, für den bringt ein solcher Schritt viele Vorteile mit sich. Eine abbezahlte Immobilie schützt vor Altersarmut, und wer Eigentümer ist, der muss nicht befürchten, aus dem gewohnten Lebensumfeld vertrieben zu werden, weil die Mieten steigen oder der Vermieter das Objekt anderweitig verwenden will. Für viele Menschen geht es zudem mit einem Zugewinn an Lebensqualität einher, in den eigenen vier Wänden zu wohnen.

Als Kapitalanlage rechnet sich der Immobilienkauf in vielen Fällen aber nur, wenn tatsächlich die große Inflation kommt und das Geld auf der Bank entwertet wird. Das gilt vor allem, sobald der Erwerb des Hauses mit Krediten finanziert wird. Der reale Gegenwert der Schulden schmilzt erheblich, wenn, wie es in Deutschland üblich ist, eine langfristige Zinsbindung gewählt wurde und die Banken die Zinsen nicht anheben können, um den Kaufkraftverlust auszugleichen. In der Weimarer Republik machte der Unternehmer Hugo Stinnes mit dieser Methode ein Vermögen. Er kaufte sich auf Pump ein Wirtschaftsimperium zusammen und bezahlte die Schulden mit wertlosem Papier.

Wenn die Inflation aber nicht kommt, dann geht die Rechnung nicht mehr auf. Dass die Angst vor der Inflation einer der wichtigsten Antriebskräfte des Immobilienbooms ist, könnte sich damit noch einmal als große Ironie der Geschichte erweisen. Denn für viele Privatanleger könnte gerade die Angst vor Kapitalverlust am Ende einen solchen Verlust herbeiführen. Es gibt unter Börsianern den Begriff der Dienstmädchenhausse. Er geht auf den Boom der zwanziger Jahre zurück. Als das Aktienfieber so weit fortgeschritten war, dass selbst das Hauspersonal an die Börse drängte, stiegen einige erfahrene Investoren wieder aus. Sie hatten geahnt, dass die Trendwende nicht mehr weit ist. So war es dann auch. Die Lage am Immobilienmarkt erinnert an damals.

Wer die Panik schürt

Für die Deutschen war das 20. Jahrhundert in monetärer Hinsicht eine traumatische Erfahrung. Gleich zweimal zerrann ihnen das Geld in den Händen. Dem Ersten Weltkrieg folgte die Hyperinflation, dem Zweiten die Währungsreform. Die Sensibilität der Bundesbürger in Gelddingen verwundert angesichts dieser Erfahrungen nicht. Erst der Bundesbank ist es gelungen, die Deutschen dazu zu bringen, der eigenen Währung zu vertrauen. Die D-Mark wurde zum Symbol des wirtschaftlichen Aufstiegs der Nachkriegszeit und der friedlichen Wiedereingliederung Deutschlands in die Staatengemeinschaft. »Alle glauben an Gott, aber die Deutschen glauben an die Bundesbank«, hat der frühere Präsident der Europäischen Kommission, Jacques Delors, einmal gesagt. Es war nur halb ironisch gemeint.

Ihr Ansehen in der Bevölkerung verdankt die deutsche Notenbank dabei nicht zuletzt der Tatsache, dass sie nie als Teil des politischen Betriebs wahrgenommen wurde. Sie verfolgte von Anfang an eine streng an Geldwertstabilität ausgerichtete Politik und hielt ihre Unabhängigkeit hoch. Dabei hat sie den Konflikt mit den Regierungen jeglicher Couleur nicht gescheut, wenn es darum ging, ihre Vorstellungen durchzusetzen. Im Geldmuseum der Bundesbank zeugt heute noch eine Tafel von den Auseinandersetzungen mit der Politik, die die Notenbanker fast alle für sich entschieden haben: Ob gegen Konrad Adenauer, der niedrigere Zinsen einforderte, oder gegen

Theo Waigel, der an den Goldschatz der Notenbank wollte.

Die Deutschen hielten von der Politik so wenig, dass sie ihr Geld erst in Sicherheit wähnten, als es einer Institution anvertraut wurde, die im Grunde unpolitisch ist. Dabei war die Sonderstellung der Bundesbank im Grundgesetz überhaupt nicht vorgesehen. Im entsprechenden Artikel 88 hieß es lediglich lapidar: »Der Bund errichtet eine Währungs- und Notenbank als Bundesbank.« Davon, dass diese Notenbank unabhängig sein sollte, ist nicht die Rede. Adenauer setzte sich bei den Verhandlungen über das Bundesbankgesetz sogar dafür ein, die Notenbank der Regierung zu unterstellen. Es müsse, schrieb er im Juni 1950 an seinen Finanzminister Fritz Schäffer, »eine Lösung gefunden werden, die der Bundesregierung die Möglichkeit gibt, die Notenbank mit Weisungen zu versehen, wenn sie sich weigert, eine zur Durchführung der staatlichen Wirtschaftspolitik erforderliche Maßnahme« umzusetzen.

Der öffentliche Wunsch nach einer unabhängigen und stabilen Preisen verpflichteten Zentralbank war jedoch so stark, dass Adenauer einknickte. Im Kanzleramt erkannte man, dass »der inflationserfahrene deutsche Sparer offenbar die Unabhängigkeit der Notenbank als eine wesentliche Garantie für die Stabilität der Währung« ansieht, wie es in einem Bericht des zuständigen Referats aus dem Jahr 1956 heißt. Im kurz darauf verabschiedeten Gesetz über die Deutsche Bundesbank wurde die Unabhängigkeit dann ein für alle Mal festgeschrieben. Erst viel später machten

auch andere westliche Länder ihre Notenbanken unabhängig. Die Inflationsangst hatte also auch ihre guten Seiten. Sie war die Voraussetzung für den wirtschaftlichen Erfolg der jungen Bundesrepublik. Sie
hat den Deutschen ein stabiles Institutionengefüge
beschert. Aber wie immer kommt es auf das richtige
Maß an. In den vergangenen Jahren hat die Furcht vor
steigenden Preisen fast paranoide Züge angenommen,
die sich nicht mehr historisch erklären lassen.

Doch Geschichte ist immer auch Geschichtsschrei-
bung. Es kommt nicht nur auf die Ereignisse selbst
an, sondern auf ihre Interpretation. Damit kommen
Machtverhältnisse und Interessen ins Spiel. Dass die
Hyperinflation so wirkungsmächtig sein konnte, hat
auch damit zu tun, dass sie vor allem das in der öffentlichen Debatte einflussreiche Bildungsbürgertum getroffen hat. Die Stimme der Arbeiter, für die die Geldentwertung weit weniger schlimm war, blieb dagegen
ungehört. Wenn heute die Geschichte bemüht wird,
um die Rettungspolitik der Notenbanken zu kritisie-
ren, dann sind ebenfalls Interessen im Spiel.

Die Banken

Mit der Angst vor steigenden Preisen lässt sich viel
Geld verdienen. Ob Immobilienmakler, Fondsmana-
ger, Bankberater – für viele von ihnen ist die Inflation
ein Geschäftsmodell. Die Furcht vor der Geldentwertung soll die Kunden dazu bringen, das Ersparte den
Vermögensverwaltern zu überlassen oder in ver-
meintlich sichere Sachwerte zu stecken. In den gro-

ßen Frankfurter Finanzhäusern wurde intern die Devise ausgegeben, das Inflationsthema groß zu fahren. Da werden dann Zertifikate angeboten, die vor der großen Teuerungswelle schützen sollen, am Ende aber vor allem die Banken reich machen, die die Zertifikate ausgeben. Häufig funktioniert das so, dass die Rendite an den Preisindex gekoppelt ist und mit diesem steigt. Wenn die Inflation allerdings ausbleibt, fressen die Vertriebsaufschläge einen Großteil der Zinsen auf. In kaum einem Werbeprospekt für Immobilien fehlt der Hinweis auf die vermeintliche Geldentwertung. Besonders skrupellos geht die Goldindustrie mit dem Thema Inflation auf Kundenfang. Um Barren und Münzen zu zum Teil aberwitzigen Preisen an den Mann zu bringen, sagt so mancher Anbieter inzwischen sogar den Untergang des Papiergeldes voraus. Das ist umso unverantwortlicher, als die Akteure im Finanzgewerbe Profis sind. Sie wissen um den Unterschied zwischen Zentralbankgeld und Geldmenge insgesamt. Sie wissen, dass es ohne einen Anstieg der Nachfrage keine Inflation geben wird. Aber sie verschweigen es, weil es sie bei ihren Geschäften stören würde.

Die Politik
Für die Politik ist die Angst vor der Inflation ebenfalls ein dankbares Thema, bietet sie doch den idealen Hintergrund für die Selbstinszenierung geltungssüchtiger Volksvertreter. Ein Beispiel ist der Vier-Punkte-Plan zur Bekämpfung der Inflation, den

Rainer Brüderle, der Fraktionsvorsitzende der FDP im Bundestag, im Oktober 2012 vorgestellt hat. Die EZB müsse wieder auf den Pfad der Tugend zurückgeholt werden, heißt es darin, und Deutschland müsse mehr Einfluss auf die Gestaltung der Geldpolitik in Europa bekommen, so als wollten alle anderen den Euro aufweichen.

Brüderles Inflationspapier ist noch aus einem anderen Grund instruktiv. So schreibt er, dass alle Forderungen nach neuen Steuern oder Abgaben abgelehnt werden müssten. Das ist insofern bemerkenswert, als höhere Steuern überhaupt nicht inflationär wirken. Das gilt zumindest für direkte Steuern wie die Einkommensteuer, die den Arbeitnehmern vom Lohn abgezogen wird. Auch eine Vermögensteuer würde das Preisniveau nicht beeinflussen. In den meisten Fällen dämpfen Steuererhöhungen – sofern sie zur Haushaltskonsolidierung verwendet werden – sogar den Preisauftrieb, weil die Menschen dann weniger Geld ausgeben können und die gesamtwirtschaftliche Nachfrage zurückgeht. Das Beispiel zeigt, dass es häufig um etwas ganz anderes geht, wenn die Politik der Inflation den Krieg erklärt – nämlich darum, die eigenen wirtschaftspolitischen Ziele durchzusetzen. Im Fall der FDP: keine Steuererhöhungen. Es ist ein Muster, das sich durch die Wirtschaftsgeschichte zieht. In den achtziger Jahren begründete der damalige amerikanische Präsident Ronald Reagan seine wirtschaftsliberalen Reformen mit dem Kampf gegen die Inflation. So verspricht Reagan im Vorwort zum Wirtschaftsbericht des Präsidenten aus dem Jahr 1982, der Rückzug des Staates werde zu einem »weniger inflationären« Wirtschaftswachstum führen.

Die Experten

Auch die Ökonomen tragen dazu bei, dass die Inflationsdebatte in Deutschland hysterische Züge trägt. Der Monetarismus war zwar eine amerikanische Erfindung, doch wirkungsmächtig war er vor allem an deutschen Universitäten. Bis heute lehren deutsche Professoren, dass die Geldmenge die Preise treibt. Eine wichtige Rolle spielte dabei die Bundesbank, die in den siebziger Jahren auf eine monetaristische Linie einschwenkte und dazu überging, das Wachstum der Geldmenge direkt zu steuern. Die Bundesbanker selbst waren sich intern immer darüber im Klaren, dass es keinen eindeutigen kausalen Zusammenhang zwischen Geld und Inflation gibt. Allerdings war die Geldmengenorientierung nützlich, weil sie den Einfluss der Notenbank im politischen Betrieb stärkte. Vor dem Strategiewechsel taten sich die Bundesbankpräsidenten schwer, bei niedrigen Inflationsraten Forderungen nach Zinssenkungen argumentativ entgegenzutreten. Nun konnten sie auf die Geldmenge verweisen, mit der sich fast alles rechtfertigen ließ.

Der Monetarismus war zudem Teil des ideologischen Überbaus einer konservativen Revolution in der deutschen Wirtschaftspolitik, die mit einer Abkehr vom keynesianischen Steuerungsoptimismus der Nachkriegszeit einherging. Die amerikanischen Monetaristen bemühten sich zu zeigen, dass der Versuch, die Schwankungen der Konjunktur durch Staatseingriffe zu glätten, zum Scheitern verurteilt ist. Das kam den deutschen Ökonomen zupass, die nach Argumenten suchten, um den Staat zurückzudrängen. An dieser strategischen Aneignung der monetaristischen Theorie hat sich bis heute nichts geändert. Denn eigentlich legt das zuletzt rückläufige Wachstum der Geldmenge nach monetaristischer Lesart eine expansivere Politik der Zentralbank nahe – doch kaum ein deutscher Wirtschaftswissenschaftler fordert niedrigere Zinsen zur Konjunkturstützung. Hierzulande ist der Monetarismus also keine wissenschaftliche Methode, sondern Ausdruck einer ökonomischen Weltanschauung.

Die Medien

Überdies spielen die Medien ihre Rolle im großen Inflationstheater. Die Öffentlichkeit ist kein wissenschaftliches Seminar. Zeitungen und Webseiten müssen zuspitzen, nur so finden sie ihr Publikum. Beim Thema Inflation allerdings nimmt diese Zuspitzung groteske Formen an. Das liegt einerseits daran, dass viele führende Wirtschaftsjournalisten von den Professoren ausgebildet wurden, die sich der deutschen Spielart des Monetarismus verschrieben haben. Es liegt aber auch daran, dass sich eine Titelgeschichte über die Inflation besser verkaufen lässt als ein Stück über komplizierte Phänomen wie finanzielle Repression oder spekulative Exzesse in Teilbereichen der Wirtschaft.

Selbst die Bundesbank, die in der Vergangenheit nicht davor zurückschreckte, die Angst der Deutschen vor der Geldentwertung für ihre Zwecke zu benutzen, ist in den Strudel der Inflationshysterie geraten. »Bundesbank weicht den Euro auf«, titelte BILD, als bekannt wurde, dass die Notenbank im Finanzausschuss des Bundestags höhere Inflationsraten in Deutschland für akzeptabel hält. Dabei hatten die Notenbanker nur die arithmetische Selbstverständlichkeit zum Ausdruck gebracht, dass die Preise in Deutschland schneller steigen müssen, wenn sie in Südeuropa langsamer steigen und der durchschnittliche Preisanstieg in der Währungsunion unverändert bleiben soll.

Warum die Angst vor der Inflation uns ruiniert

Am 13. Oktober 1931 gibt Reichskanzler Heinrich Brüning im Berliner Reichstag eine Regierungserklärung ab. Brüning betreibt eine eiserne Sparpolitik. Er hebt die Steuern an und kürzt staatliche Leistungen, er wirkt auf eine Kürzung von Löhnen und Gehältern hin. Die Generalaussprache im Reichstag aber hat fast nur ein Thema: die Inflation. Der Abgeordnete Johann Leicht von der Bayerischen Volkspartei dankt Brüning dafür, dass er »unter keinen Umständen einer neuen Inflation die Wege ebnen« werde. Joseph Joos von der Zentrumspartei meint: »Inflation war noch immer der Verderb für ein Volk. Wir haben dem Kanzler immer und immer wieder zugerufen: Legen Sie uns die härtesten Maßnahmen auf, aber lassen Sie das nicht zu.«

Das war wohlgemerkt im Jahr 1931! Damals waren in Deutschland bereits 4,5 Millionen Menschen ohne Arbeit – und die Preise sanken um 8,1 Prozent. Sie sanken, sie stiegen nicht. Für den Historiker Knut Borchardt ist klar, dass »in der Weltwirtschaftskrise in Deutschland eine Inflationsangst verbreitet war, die den Handlungsspielraum der wirtschaftspolitischen Instanzen eingeschränkt hat«. Diese Angst hat dazu geführt, dass beschäftigungspolitische Maßnahmen bewusst knapp dimensioniert wurden, um nicht den Verdacht aufkommen zu lassen, sie schürten die Inflation. Das gilt etwa für ein von den Gewerkschaften vorgestelltes Programm zur Belebung der Wirtschaft, den nach den Initialen seiner geistigen Väter Wladimir Woytinsky, Fritz Tarnow und Fritz Baade benannten WTB-Plan. Es gilt aber auch für Vorschläge, Deutschland möge sich wie Großbritannien von der Golddeckung seiner Währung lossagen, um mehr Spielraum für die Bekämpfung der Wirtschaftskrise zu haben. Entsetzt kabelte der britische Botschafter Sir Horace Rumbold nach Hause: »Es ist insbesondere diese Furcht vor der Inflation, die die Fügsamkeit erklärt, mit der das ganze Land die Maßnahmen und Verordnungen der Regierung blind akzeptiert hat, die die Wirtschaft zum Stillstand gebracht haben, die Reisefreiheit eingeschränkt haben, die Pressefreiheit praktisch zerstört haben.«

Die Demokratie in Deutschland ist heute gefestigt, der Bundesrepublik wird das Schicksal der Weimarer Republik erspart bleiben. Und dennoch zeigen die Debatten der damaligen Zeit eindrucksvoll, wie gefährlich die irrationale Furcht vor der Inflation sein kann, wenn viel dringendere Probleme zu lösen sind. Und die gibt es heute wie damals. Die Krise der europäischen Währungsunion wird nicht zu lösen sein ohne eine Zentralbank, die einen wirksamen Schutz vor den gefährlichen Stimmungsschwankungen der Finanzmärkte bietet. Dazu ist die Bereitschaft zu unkonventionellen Maßnahmen nötig.

Die Ausweitung der Zentralbankgeldmenge bereitet also keiner neuen Hyperinflation den Weg, sondern hilft im Kampf gegen die Krise. Dass in der öffentlichen Debatte nur die Ausweitung der Geldschöpfung durch die Notenbanken, nicht aber die rückläufige

Geldschöpfung der Privatbanken eine Rolle spielt, kommt einem kolossalen Versagen der Wirtschaftsexperten an den Universitäten und in den Medien gleich. Eine Mischung aus Unwissenheit, Lust an der Skandalisierung und Ideologie ist die Ursache dieses Versagens. Die Weltwirtschaft würde längst in einer Depression mit Millionen von Arbeitslosen stecken, wenn Notenbanker wie der Amerikaner Ben Bernanke nicht der Stimmungsmache getrotzt und die Geldschleusen geöffnet hätten.

Weil die Europäische Zentralbank ihre anfängliche Scheu überwunden hat, besteht erstmals seit vielen Monaten Hoffnung, dass sich auch die Krise in Europa lösen lässt. Sie wäre vielleicht längst eingedämmt, wenn die EZB früher eingegriffen hätte. Dass sie das nicht getan hat, liegt auch an der Angst der Deutschen vor der Inflation, auf die die Notenbank Rücksicht nehmen musste. Das hat den Preis für die Rettung der gemeinsamen Währung nach oben getrieben. Die zusätzlichen Kosten tragen auch die deutschen Steuerzahler. Billiges Geld ist kein Ersatz für schmerzhafte Reformen, aber es erleichtert den nötigen Umbau der europäischen Volkswirtschaften.

Die Inflationsangst kommt die Deutschen also schon heute teuer zu stehen – und falls es doch nicht mehr gelingt, das Überleben der gemeinsamen Währung zu sichern, wird die Rechnung noch höher ausfallen. Denn man kann sich über den Sinn der Euro-Einführung zwar streiten, eines ist aber klar: Die europäischen Volkswirtschaften sind so eng miteinander verflochten, dass eine kontrollierte Auflösung der Währungsunion nicht möglich ist. Deutschland droht bei einem Zerfall der Geldgemeinschaft eine Jahrhundertrezession.

Doch die Angst vor der Inflation behindert nicht nur den Kampf gegen die aktuelle Krise – sie macht es auch schwerer, künftige Krisen zu verhindern. Die größte Gefahr für die wirtschaftliche Stabilität geht heutzutage nicht mehr von steigenden Güterpreisen aus, sondern von spekulativen Übertreibungen an den Finanzmärkten. Die Inflation ist besiegt, und auf absehbare Zeit wird sie nicht zurückkommen. Die Übertreibungen an den Märkten in den Griff zu bekommen und dafür zu sorgen, dass das Geld auch dahin fließt, wo es produktiv verwendet wird und nicht nur neue spekulative Blasen finanziert, das ist die große Herausforderung für Regierungen und Zentralbanken.

Das erfordert eine strengere Kontrolle der Banken und den Willen der staatlichen Instanzen, die Geldströme in der Wirtschaft viel stärker zu lenken als bisher üblich. Es gibt Situationen, in denen der Kampf gegen die Inflation und der Kampf gegen eine spekulative Blase dieselben Maßnahmen erfordert – eine Anhebung der Leitzinsen durch die Notenbank. Aber es gibt auch Situationen, in denen die Wirtschaft mit niedrigen Zinsen stimuliert und der Finanzmarkt trotzdem gebändigt werden muss. Diese Debatte wird in Deutschland nicht geführt – stattdessen werden Parolen aus den siebziger Jahren aufgewärmt, als die Inflation in der Tat ein Problem war.

Es geht aber nicht nur um die Zukunft Europas, sondern auch um den privaten Wohlstand. Angst ist bei der Geldanlage immer ein schlechter Ratgeber. Wenn die Finanzwelt untergeht, mag es sich auszahlen, das Geld in Immobilien oder Gold gesteckt zu haben. Wenn sie aber doch nicht untergeht, wird auf diese Weise viel Vermögen vernichtet. Wer sich immer auf das Schlimmste vorbereitet, der hat ein Problem, wenn es doch irgendwie weitergeht. Und bis jetzt ist es meistens immer irgendwie weitergegangen. Die gesamten Ersparnisse für den Kauf einer Immobilie aufzuwenden ist das Gegenteil einer gesunden Risikostreuung.

Jedes Land hat seine Traumata. Das deutsche Trauma ist die Inflation. Das Plädoyer dafür, es zu überwinden, ist kein Plädoyer dafür, die Welt ohne Rücksicht auf Verluste mit Geld zu überschwemmen. Es ist ein Plädoyer für einen klaren, vorurteilsfreien Blick auf die Krise und die wirtschaftspolitischen Möglichkeiten, sie zu überwinden. Nur so können wir verhindern, dass uns die Angst ums Geld ruiniert.

Dirk Müller

Showdown

Der Kampf um Europa und unser Geld

Dirk Müller – »Mr. Dax«, Bestsellerautor, Deutschlands populärster Wirtschaftserklärer – schildert den zweiten Akt des Währungs- und Wirtschaftsdramas, das seinen Schauplatz längst von den USA nach Europa verlagert hat. Er rekapituliert die fundamentalen Fehlentscheidungen bei der Konstruktion des Euro, zeigt auf, welche Triebkräfte am Werk waren, wer Profit daraus zog und wer heute ein massives Interesse am Zerfall eines starken europäischen Währungs- und Wirtschaftsraumes hat. Denn die aktuelle Krise ist nicht nur das Ergebnis maßloser Staatsschulden, sie ist auch Ausdruck eines amerikanisch-europäischen Wirtschaftskrieges, der hinter den Kulissen tobt. Müller zeigt, welche Möglichkeiten Europa und Deutschland offenstehen, denn die Tatsache, dass Griechenland und Zypern über gewaltige Erdgas- und Erdölvorkommen verfügen, wird im Zusammenhang mit der Entschuldung kaum gesprochen. Warum das so ist, wer daraus Profit ziehen wird, das erklärt Dirk Müller.